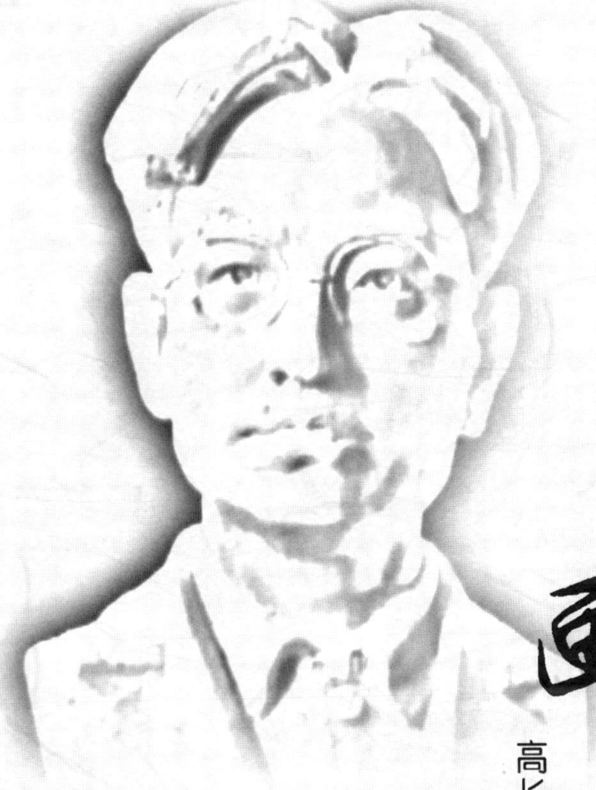

高长虹画传

GAOCHANGHONG HUAZHUAN

高长虹研究会 编

山西出版传媒集团
山西人民出版社

图书在版编目（CIP）数据

高长虹画传 / 高长虹研究会编. -- 太原 : 山西人民出版社，2020.9
ISBN 978-7-203-11572-4

Ⅰ. ①高… Ⅱ. ①高… Ⅲ. ①高长虹－传记－画册
Ⅳ. ①K825.6-64

中国版本图书馆CIP数据核字(2020)第147674号

高长虹画传

编　　者：高长虹研究会
责任编辑：魏美荣
复　　审：赵虹霞
终　　审：秦继华
装帧设计：王　华

出 版 者：山西出版传媒集团·山西人民出版社
地　　址：太原市建设南路 21 号
邮　　编：030012
发行营销：0351-4922220　4955996　4956039　4922127（传真）
天猫官网：https://sxrmcbs.tmall.com　电话：0351-4922159
E-mail　：sxskcb@163.com　发行部
sxskcb@126.com　总编室
网　　址：www.sxskcb.com

经 销 者：山西出版传媒集团·山西人民出版社
承 印 厂：山西运政印刷厂

开　　本：889mm×1194mm　1/16
印　　张：10.75
字　　数：220 千字
印　　数：1—1400 册
版　　次：2020 年 9 月　第 1 版
印　　次：2020 年 9 月　第 1 次印刷
书　　号：ISBN 978-7-203-11572-4
定　　价：49.00 元

如有印装质量问题请与本社联系调换

《高长虹画传》编辑委员会

名誉主任：李畴海

主　　任：侯讵望

副 主 任：李银苟　赵存珍

主　　编：张炜生

副 主 编：郭祯田

照片提供：高长虹纪念馆

撰　　稿：郭祯田

参与人员：王　伟　高鹏珠　孙雪艳　张晓悦
赵文君　耿丽明　赵海连　白建刚
苏　文　冀幼农

高长虹手迹

易其田疇薄其稅斂民可使富也

（天地有自然之富，農是也；天下之民有自然之富，務農是）按孟子云：易其田疇，薄其稅斂，民可使富也。此孟子言治國（君人者亦惟因其自然）（尽其）

（如使田野盡擴，土家有蓋藏，斯即得致富之原矣。孟子曰：易其田疇，薄其稅）之道也。當以富民為先也。夫易者治也。田疇者壠畝也。先王之

（斂，民可使富也，野義也，吾願存之以告後世之為人君者）養民，非能人人衣食之，不過不違農時，使民皆盡力於南畝（而已）

也。薄者寬也。稅斂者，古者什一而賦，取其（有常）當斂之數也。民可（並不敢）

（外此而苛取求於民）使富者，重在使之一字，如田疇易，稅斂薄，地利之所出無窮。

征輸之所入有限，即是使民有富足之道也。昔周之興也，存

係恤之心，秉惠愛之仁，而民無不家給人足者，非必人人

而周之，惟能行井田之法，以開財源之路，定什一之征，以節

取之（時）（流），則此富民之法，施之自下上，而民則（的）受恩於（其）也

後井田之法壞於秦之商鞅，廢井田，使民自買田產，而按畝

抽稅。此法一行，富者財可擬國，貧者地無立錐，盡取民之財。

高长虹像

家珍

民國十八年一月
文日成初
裔孫長虹在金陵

高长虹为其叔祖父高翔藻的书法作品题词

前言

对于历史人物，值得后人铭记的，能引起后人研究兴趣的，至少应该有三点：一是看他在历史的进程中担当过什么角色；二是看他在历史的关键时刻做过些什么；三要看他给后人留下些什么。从这三个方面看，高长虹都是值得我们深入研究的。

高长虹，1898 年 2 月 12 日（农历正月二十二）生于山西盂县清城镇西沟村。1921 年，在他 23 岁时，父亲高鸿猷要他找点事做，赚钱养家，他却要坚持走自己的路。于是，父亲就说了一句令长虹很伤自尊的话：“我的粮食不是给游手好闲的人吃的。”就是这句气话，让年轻气盛的高长虹从此走出大山，走向省城太原，走向北京，走向上海，出走国外，走向延安，最后又走向东北……

长虹一路走过，他都做了些什么？给我们留下些什么呢？

他组织发起并创建了在我国现代文学史上有过较大影响的文学社团“狂飙社”，短短几年，先后在太原、北京、上海等地创办刊物十几种，出版丛书数十种。

他一生出版了至少20种个人文集，创作了1000多篇（部）作品，留下来的文字有180多万字。

他与鲁迅从相识相知到相互误解、相互攻击，留下了中国现代文学史上的一大公案——“高鲁冲突”。

“狂飙社”解体后，他独自出国学习考察8年。先后在日本、德国、瑞士、法国、荷兰、意大利、英国留下了自己的足迹。其间他在荷兰创办救国会，编印《救国周报》，在巴黎创刊《中国人民报》，并参加了“全欧华侨抗日救国联合会”，创作并发表了长篇小说《中国》。

归国后，他不满蒋介石的政治腐败，从重庆徒步7个月到延安。然而，在延安他却拒绝担任边区“文协”筹委会副主任，谢绝参加著名的延安文艺座谈会，在同毛泽东的一次谈话中又“不欢而散”……

从“狂飙突起”，到“高鲁冲突”，从谢绝参加延安文艺座谈会，再到与毛泽东“不欢而散”，高长虹的一生，与中国现当代最著名的两位重量级人物鲁迅、毛泽东先后发生过冲突。因此，从延安走出之后，他走向了寒冷寂寥的大东北，以一个“疯子”的背影消失在大众的视野里。

长虹的一生，对于我们后人来讲，有许多未解之谜。其中最主要的就有三个：一是“高鲁冲突”之谜；二是与毛泽东“不欢而散”之谜；三是“疯子”与死亡之谜。在这些谜底破解之前，高长虹留给人们的印象是高傲、狂妄、不近人情——是靠骂鲁迅出的名，是不受党中央和毛泽东欢迎的“反动文人”。因为有了这样的印象和看法，高长虹和“狂飙社”在中国现代文学史上几乎消失，高长虹研究亦几乎无人涉足。由“狂飙运动”的疾风骤雨汇成的一道耀眼的彩虹，终成昙花一现。

董大中、言行（阎继经）、廖久明等几位是研究高长虹的先行者。他们在几成“定论”的史籍文献中，抢救性地采访了一批当事人和知情者，搜集到大量高长虹逸文，终于使高长虹的真实面目渐渐清晰，进而还原了关于高长虹的许多历史真相。

董大中先生研究和破解高长虹之谜的理由，给我们以深刻的启迪，这就是鲁迅先生笔下的“狂人”说过的话：“从来如此，便对么？”

其实，鲁迅也好，长虹也好，两位先生都堪称中国现代文学史上的“狂人”，他们一生的作为，就是在同“从来如此”进行着不懈的斗争。他们原本是同一战壕里的战友和同志，却因为他人蛊惑，进而相互误解、疏离，成了被攻击的“敌人”。

历史的真相只能有一种，但对历史的误读和误解，却能将真实的历史演绎得光怪陆离、千奇百怪，甚至令人啼笑皆非。我们在错误“路标”的指引下，不仅错怪了长虹，同时也误读了鲁迅。

为此，阳泉市文联、高长虹研究会组织专家学者，通过多种途径，搜集、整理了关于高长虹的历史资料，以图片、文字的方式编辑为《高长虹画传》，即本书现在的面貌。我们不能对历史妄加评判，我们只是客观呈现历史的本来，至于结论，相信读者会有客观公正的答案。

目录

一

“我后无来者”

○高长虹塑像

高长虹（1898—1954），自1922年5月发表《红叶》起，所走过的创作历程可分为太原、北京、上海、国外八年、重庆、延安、沈阳等7个时期，一生发表的各种体裁的作品数以千计，为后人留下了180多万字的《高长虹全集》四卷本，尚有不少逸文待搜集整理。（王伟 / 供稿）

○高长虹妻子王巧弟

王巧弟（1898—1960），盂县东沟村王德兴之女。1914年5月与长虹结为连理。婚后，高长虹为她取新名王者香，他在《曙》中写道："唉，你的母亲，送她以痛苦！然而乡党犹自传为美谈：我们是最好的夫妇！……然而，历史埋葬了她，我又如何能与她以新生呢？"

前排中为高长虹之父高鸿猷（1873—1928），晚清举人。曾任天津杨柳青县、河北昌黎县承审员，昌黎县代理知事。

○ 高长虹二弟高歌

○ 高长虹三弟高远征

当年发起并创办了《狂飙》月刊的高长虹，在创刊号《题拜伦像》的短诗中曾说过："君前无古人，我后无来者。"如此"狂傲"之语，令人惊叹，再联系他之后的作为，许多人对高长虹的印象便是狂傲自大。其实，狂傲自大之人，往往都有些狂傲自大的资本。鲁迅先生对此有过说法："中国人向来有点自大——只可惜没有'个人的自大'，都是'合群的爱国的自大'。"先生认为，"'个人的自大'，就是独异，就是对庸众宣战。除精神病学上的夸大狂外，这种自大的人，大抵有几分天才……他们必定自己觉得思想见识高出庸众之上，又为庸众所不懂，所以愤世嫉俗，渐渐变成厌世家，或'国民之敌'。但一切新思想，多从他们出来，政治上宗教上道德上的改革，也从他们发端。所以多有这'个人的自大'的国民，真是多福气！多幸运！"（鲁迅《随感录三十八》）

高长虹的“狂”，在其青少年时代就显现出来了。1911 年，13 岁的高长虹得知辛亥革命成功的消息，十分兴奋，不经家中允许，不顾教师监视，毅然带头剪掉了辫子。1915 年，袁世凯图谋称帝，山西的阎锡山投靠袁世凯，在太原指使政学界搞所谓提灯会“劝进”，当时正在省立第一中学读书的高长虹，看到全校师生都去参加提灯会了，他拒不参加，并且还写了一首《提灯会》的诗，对阎锡山的行为进行了讽刺和攻击。

高长虹的“狂”，还有许多传说。

高长虹的外甥言行（阎继经）在其著作《一生落寞，一生辉煌——高长虹评传》的“后记”中就写到他的母亲高舜英在他小时候讲过的“舅舅的故事”——抗战爆发后，在国外游历 8 年的高长虹回国到了重庆。蒋介石慕其才，就许了个秘

高长虹之子高曙全家。高曙、高曙妻田银珍，高曙女儿高淑萍，儿子高玉萍。高曙（1921—2001），高长虹为其取名曙，意为“旭日东升”“朝气蓬勃”“前途光明”。高曙没有辜负父亲的期盼，1938 年就参加革命，从事教育工作 40 余年，曾任县政协委员，也未辜负母亲的希望，孝敬她、赡养她，直到养老送终。

1929 年底，高长虹二弟高歌继尚钺、柯仲平之后，加入中国共产党，“狂飙运动”成了他们从事党的地下活动的一种职业掩护。1930 年初，高歌在上海全国总工会宣传部工作，不久被反动派逮捕，关进“苏州反省院”，出狱后与党失去联系。

高歌，狂飙社重要成员。一生出版过7个集子，加上7篇散著，共100多万字。

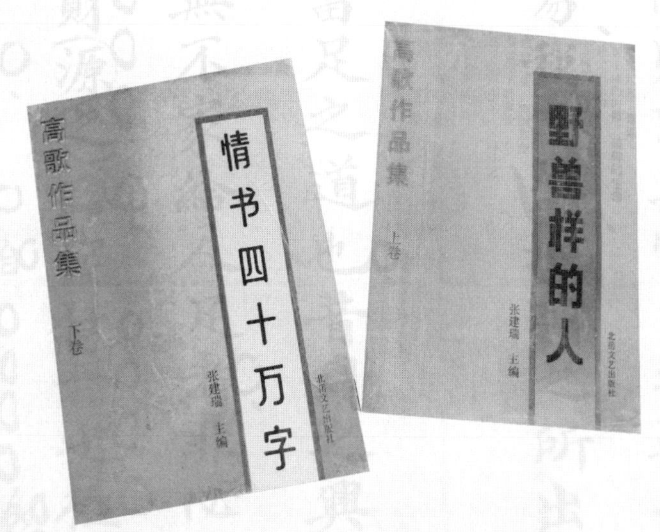

20世纪90年代，盂县政协整理高歌作品并出版。由张建瑞主编，北岳文艺出版社出版。

书长的职位，命手下人去请他。长虹却根本不买账。蒋介石想，高长虹这个人才高性傲，大概是嫌请他的人地位太低，看来得亲自走一趟了。

蒋介石到了长虹的住处后，见长虹正在伏案读书，并不理他。只好硬着头皮先开口："敢问先生贵姓？"长虹抬头看了他一眼说："姓高，你贵姓？"蒋介石赶紧说："姓蒋！"长虹却没有任何反应，又埋头读起书来。弄得蒋介石很是尴尬，只得退出门外，愤愤地对属下说："此人一身傲骨，不可重用！"

身在重庆的高长虹深刻感受到蒋介石政权的腐败和无能，尤其对国民党消极抗日、积极反共的政策极为不满，于是带着一篇7万余字的书稿《为什么我们的抗战还不能胜利》，决心投奔革命圣地——延安。

高长虹投奔延安，必经之地是陕西秋林地区，即阎锡山控制的第二战区。当时阎锡山很重视笼络知识分子，尤其是山西籍的有名望人士。听说高长虹有意离开重庆投奔延安，第二战区驻重庆办事处秉承阎锡山的意旨，想把高长虹"挖"到秋林去。于是派人找到长虹，将一大把钞票放在长虹面前说："听说先生要离开重庆，望先生回到二战区与阎先生携手合作，共谋抗战大业，先生的前程无量，阎长官也将不胜欣慰！这里给先生准备了500元钱，区区之数，仅供先生做盘缠用罢！"

高长虹对阎锡山本来就很反感，看到阎派人来拉拢自己，更是气不打一处来，当即将那人递来的钞票"叭"的一声摔在地上，愤怒地说："谁要你们这刮地皮钱！"（言行：《一生落寞，一生辉煌———高长虹评传》）

前边提到的《为什么我们的抗战还不能胜利》书稿，长虹本想在二战区找人出版，然后带到延安去，但是他太天真了。这样的文字，在阎锡山的控制区是不可能出版的。好在民族革命通讯社的马皓十分同情长虹，便利用社里的油印设备为他油印了100多份。

1941年11月初，长虹徒步7个月终于到达他向往已久的革命圣地延安，但他自负执拗的个性并未有所收敛。本来，延安是以一位文化名人的身份来欢迎他的，但是高长虹到延安后却做了几件让所有人都不可理解，甚至影响了他后半生的事。

1942年1月，延安"文协"召开第二次理事会，

慈母

遠征

高长虹三弟高远征也是狂飙社成员，曾在《狂飙》和《弦上》发表过 3 篇作品。1924 年 11 月 9 日在北京《狂飙》周刊第一期发表小说《慈母》，文章把伟大的母爱描绘得感人肺腑，连高长虹这个和封建家庭彻底决裂的硬汉，读后“眼泪便夺眶而出”“硬着头皮回家住了十天”。

研究筹备“文协”第三次代表大会，会议推举高长虹担任筹委会副主任，与筹委会主任柯仲平“统筹一切”。按照惯例，这就表明高长虹是未来陕甘宁边区“文协”副主任的候选人了。但出乎人们预料的是，高长虹并没有接受这个职位。他的理由是“柯仲平不会工作”。

1942 年 5 月，毛泽东亲自主持召开了影响深远的延安文艺座谈会。当时身在延安的 100 多位著

1927年，高远征到武汉参加了周士第教导团。"七一五"反革命政变后，赴江西南昌加入贺龙的学生队，参加了南昌起义。起义失败，在挺进广东途中，被国民党反动派军队包围，壮烈牺牲，年仅20岁。

高远征和"石燃社"。（由左至右：高远征、张琦、狄景襄、杨达三、常风、宋劭文、席尚谦、辛安亭、裴丽生）1927年摄于太原。

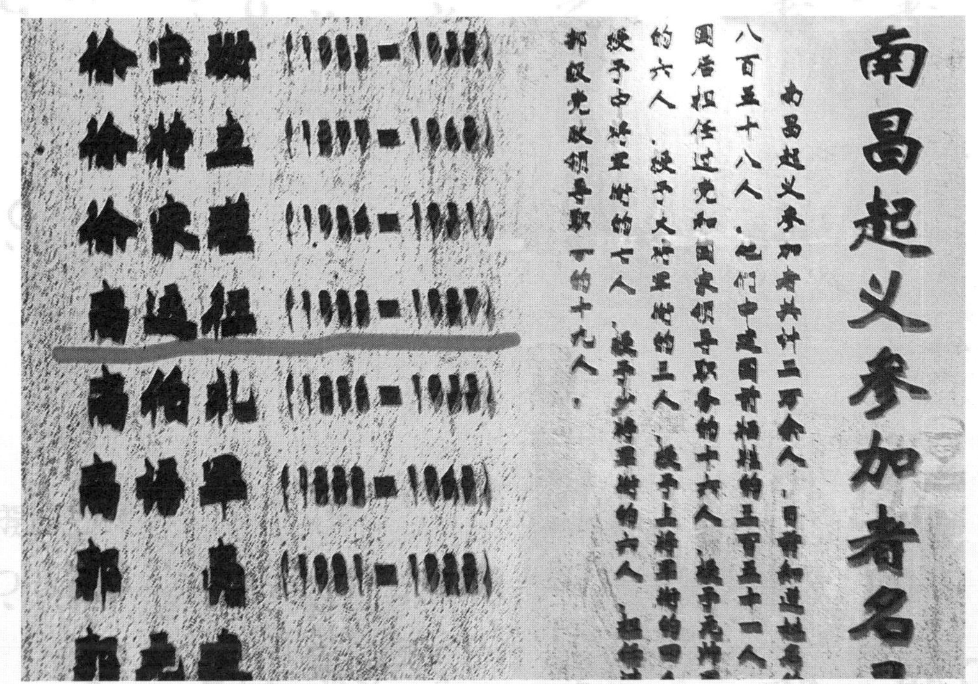

南昌起义参加者共计2万余人，目前知道姓名的约有858人，高远征的名字就在名录墙上。

名的文学艺术家应邀出席了这次会议。高长虹也接到了由毛泽东和中共中央宣传部副部长凯丰共同签署的请柬。但是这次会议高长虹也推辞了。理由是：他是研究经济的，文艺只是他的业余爱好。

高长虹在国外考察时，有一个问题一直萦绕在他的脑海里，对这个问题的深入研究和探讨，使他写出了一部《什么是德国法西斯蒂》的书稿。在延安，他把这部书稿交给有关部门请求出版，但有关部门的回答是，该书的某些观点和斯大林的观点不一致，不能出版。高长虹认为：“我写的书当然应该是我自己的观点，为什么必须和斯大林的观点一致呢？”于是他上书党中央，要求中央转交斯大林，还说要跟斯大林辩论。

1945年8月，抗战胜利，延安的许多文艺界人

〇剪纸

高长虹的母亲赵荷花，山西盂县温池村人。长虹对母亲的印象不好，有点怕她，他宁愿跟祖父祖母在一起，也不愿跟着母亲，然而他非常喜欢跟着母亲去外婆家。到了外婆家，可以跟着表哥福顺、泽林去登龙居寺欣赏四季如春的洗麻泉，游文昌庙、石翁沟，最神往的是和表姐来双玩，在他眼里，表姐是天下最漂亮、最温柔的女孩。

○剪纸

高长虹的祖父高学书是一位非常慈祥的老人，他很喜欢聪明伶俐的孙子，他给予高长虹的是爱的温暖和知识的熏陶。高长虹在《曙》中回忆：“我的祖父和祖母，都是世间功利心最少的人。”祖父爱诗词，很小就教长虹背诵，曾领着高长虹游览过家乡的好些地方，都是高长虹心目中的欢乐世界。

○剪纸

长虹的祖母，堪称民间文学圣手，她语言生动形象，词语丰富，说出话来一套一套的，对高长虹的成长有很大影响。祖母的故事多得很，什么《糊涂官》《白龙庙》《瓮打磁州》《傅山作画》《长工戏老财》……高长虹印象最深的是民谣《月儿上来》，民间故事《赵扁担》。他在《曙》中回忆：“《月儿上来》之歌，《赵扁担》的故事，都常联系着，我深以不能忆其全词，以及无人为我抄录为憾。”

○大型文献纪录片《狂飙为我从天落》剧照

1898年2月12日（农历戊戌年正月二十二），高长虹出生在一个以耕读为本的家庭。全家15口人，有薄田十余亩，破旧房子6间，靠祖父教书，大伯父行医，二伯、三伯务农，勉强维持温饱。

○大型文献纪录片《狂飙为我从天落》剧照

高长虹的大伯是他的第二位启蒙老师。高长虹在《曙》中说："伯父是一个天才，我们家里最有才干的人……一生谁都不喜欢，唯独喜欢我。"祖父过世后，大伯父便担起了教育高长虹的责任。他教高长虹认字、写仿，总是笑眯眯地看着高长虹。

高长虹故居，下院两间东房为高氏三杰（高长虹、高歌、高远征）出生之所。

1911年，辛亥革命爆发。13岁的高长虹一反常态，兴高采烈地在校园奔走相告，并向老师借了把剪刀，毅然剪下了头上的辫子。剪辫子在当时并不是件容易的事，一旦革命失败，皇帝复辟，剪了辫子就是杀头之罪，但他小小年纪却不计后果。

○剪纸

1905 年，8 岁的高长虹入盂县清城镇小学堂读书，一次自习中，老师发现他看《红楼梦》，严厉地问他：“你的功课都会了吗？把学过的全背一遍！”高长虹站着把《三字经》《千字文》《明贤集》《朱子治家格言》全背了一遍，一字不差。老师见难不住他，又说：“你把《红楼梦》给我背一段。”高长虹便把《葬花词》背了一段。老师问：“‘花谢花飞花满天，红消香断有谁怜’，是啥意思？”高长虹说：“花儿开败了，风把花瓣吹落在地，谁还再欣赏它们呢！”老师很高兴，不仅没有处罚他，连句责备的话也没说。

高长虹在家苦读期间，赶上村里唱“保正戏”，9年才能轮上一次，戏台就搭在他家下面的场院里，出嫁的姐姐和妹妹全回来看戏。高长虹匆匆去大门外上茅房，蹲了好大一会儿，回家后，母亲问他：“今天的戏好看吗？”高长虹愣愣怔怔地问：“看戏？唱甚哩？”原来，他正酝酿着一篇文章《一个乞丐的自述》，对周围的一切视而不见，听而不闻。

士要分散到各个解放区去工作。毛泽东亲自找一些知名作家和艺术家谈话征求意见，高长虹也在被邀请谈话之列。据说在这次与毛泽东的谈话中，高长虹突然提出了他梦想已久的一个愿望：请求到美国去考察经济。结果谈得很僵，闹了个“不欢而散”。

这就是“狂人”高长虹。如今我们以客观公正的视角反思当年高长虹的所作所为，其动机并非没有道理。然而历史就是这样：此一时是，彼一时非。我们只能喟叹：高长虹是一位执拗而自负，有担当有主见却不合时宜的怪才！

○大型文献纪录片《狂飙为我从天落》剧照

1914年5月2日（甲寅年四月初八），还在学校读书的高长虹，在家长的包办下，与农家姑娘王巧弟结婚，演出了高家悲剧的第二幕。第一幕已由二弟高歌于1913年演出过了。结婚当天上午他还在上课，下午才向校长请了假回家完婚。他骑着毛驴刚进家门，校长便差人送来亲笔书写的喜联：“合卺杯前不忘学习，银河双渡伫看成名。”

〇剪纸

高长虹读书废寝忘食，最怕别人说话打扰。他给夫人定了一套规矩：吃饭时，两只筷子放在碗上，表示已吃饱；放在桌上，表示还吃一碗；一只筷子放在碗上，表示还吃半碗。大年初一，夫人按规矩送来饺子和油醋就出去了，估计他快吃完了，进去看筷子是怎样放的，只见高长虹满嘴黑墨，痴痴地看书。原来他蘸着墨汁把饺子吃光了，油醋却一点没动。

二

“高鲁冲突”中抹不去的阴影

○袁世凯

1915年袁世凯称帝时，阎锡山格外卖力，被袁世凯封为“同武将军”，阎锡山这种行为遭到山西进步青年的抵制。消息传到太原，高君宇和省立一中同学上街宣传，揭露袁世凯卖国、专治、独裁的罪行。在这次反袁斗争中，高长虹用另一种方式进行反抗，他在《走到出版界，答周作人》中写道：“正是袁世凯帝制的时候，有一次全省的学政界开提灯会劝进，我同一个朋友偏没有去，我却写了一首《提灯行》，对于全城的黑暗空气肆其所谓骂。”

○阎锡山

辛亥革命胜利后，阎锡山成为山西都督。为了控制山西人民的思想以抵制五四新文化运动，对中学教育也进行了严格的控制。高长虹激愤地写道：“一个人活在现社会之下，本来都是顶着死亡而旅行的，尤其是在娘子关外的山西青年，谁个不被认为反阎的健将？”

1914年，高长虹以优异的成绩考入太原市“山西省立第一中学校”。他刻苦学习，以各门功课俱优的成绩博得了老师和同学的信任，成了全校公认的优等生。

到了中学，高长虹的眼界大大开阔，世界上的各种主义、各种学说通过文字媒介向他涌来：达尔文、哥白尼、黑格尔、马克思、列宁、克鲁泡特金、尼采、爱因斯坦……这一切丰富了他的知识，开阔了他的眼界。他开始读李大钊、陈独秀、胡适、蔡元培等人的作品，开始关心中国的新文学、新文化运动。

作为中国现代文学史上的一大公案，在一般人的印象中，“高鲁冲突”是由高长虹挑起的，长虹也因此背了一世骂名。

高长虹从1924年12月10日到北京阜成门内西三条鲁迅寓所第一次拜访鲁迅起，到1926年8月31日到上海沪宁旅馆（一说“孟渊旅社”）看望将赴厦门的鲁迅止，他们的友谊持续了1年又9个月。期间他们有过一段密切合作，这就是《莽原》周刊时期。这个阶段，高长虹不仅是鲁迅家中的常客，参与筹划《莽原》周刊的“五人吃酒”，而且是《莽原》周刊“奔走最力者”（鲁迅语）。

当时团结在鲁迅周围的年轻人，除少数几个人外，基本上分为两支“军团”。一支是以高长虹为首的狂飙社作家群；一支是由韦素园、韦丛芜、李霁野、台静农4人组成的安徽作家群。与鲁迅的交往，狂飙作家群先来，安徽作家群后到。《莽原》周刊时期，狂飙作家群是当之无愧的主力军。

说“高鲁冲突”，不能不说到安徽作家群，更不能不说韦素园。因为我们都知道，“高鲁冲突”基本集中在三个问题上：一是“退稿事件”；二是对“思想界之权威者”的认识分歧；三是高长虹是否跟鲁迅“争夺”过许广平，即所谓“月亮诗”的问题。而这三个事件的挑起者，都是韦素园。

冲突的缘起，是鲁迅南下时，《莽原》半月刊交由韦素园负责编辑，之后韦素园把向培良和高歌两人的稿子退了回去，作为“同仁”刊物，这在鲁迅主持编辑时期是从来没有发生过的事情，因此引起高长虹的不满，于是兴师问罪。

翻阅相关史料，我们可以看到，高长虹在协助鲁迅办《莽原》周刊期间，心中仍然向往着他的“狂飙”事业，以至于鲁迅邀请他继续编辑《莽原》半月刊时，他谢辞了。退稿事件发生前，高长虹已赴上海，并组织出版了《狂飙丛书》和《狂飙》周刊，这个时期，他还写过几篇赞美鲁迅和未名社的文章。因此，长虹接到向培良关于韦素园压稿退稿的信，感情上很难接受。于是一口气写了《给韦素园先生》和《给鲁迅先生》两封公开信，并同时发表在1926年10月17日的《狂飙》第二期上。从这两封信中，我们不难看出，对韦素园，高长虹是没有将他放在眼里的，信的最后写道：“《莽原》须不是你家的！林冲对王伦说过：‘你也无大量大才，做不得山寨之主！’谨先为先生或先生等诵之。”而给鲁迅的信，除直言不讳道出了自己对“安徽帮”的不满和曾经“以生命赴《莽原》”，如今却遭遇“兔死狗烹”的愤怒外，长虹当时的想法，是想让鲁迅先生站出来说句公道话，并没有与鲁迅决裂之意，因为他在信的最后，还说自己要继续写对《伤逝》的批评文章。

怀着一肚子不满和屈辱的高长虹，本是为朋友和兄弟两肋插刀，站出来要个说法，可等来的却是“安徽帮”和鲁迅的置之不理。以高长虹的个性，这个结果，他是不能容忍的。于是在10月28日，写出万字长文《1925年，北京出版界形势指掌图》（收入《走到出版界》一书时，改为《1926年，北京出版界形势指掌图》），放过安徽作家群，将矛头直指鲁迅，全面挑起了“高鲁冲突”。

“高鲁冲突”真正的焦点，是对于“思想界之权威者”的认知问题。

1925年8月初，陈友仁主持的《民报》增加了一个副刊，由韦素园任编辑。8月5日，《民报》刊登广告：“现本报自8月5日起增加副刊一张，专登载学术思想及文艺等，并特约中国思想界之权威者鲁迅、钱玄同、周作人、徐旭生、李玄伯诸先生随时为副刊撰稿，实学术界大好消息也。”

1926年8月，高长虹在《新女性》8月号上，发表了一篇《狂飙社广告》，广告中有“去年春天本社同人与思想界先驱者鲁迅及少数最进步的青年文学家合办《莽原》……”等语。

我们知道，高长虹的一生，向往民主政治，主张自由的学术文化氛围，反对压制民主、束缚自由的专制行为。言行在其《历史的沉重》一书中说，高长虹观察了民主革命以来，一些一度是革命思想权威的康有为、梁启超、章太炎、章士钊、胡适等人悲剧性结局后，形成了一个看法：一个思想者一旦被树为“权威”，就会“被感情、地位、虚荣所动摇”，背离革命立场，走向反面。因而当他看到韦素园在《民报》上刊登的这则“以权威献人”的广告后，反应就异常的强烈：“于是，‘思想界之权威者’的大广告便在《民报》上登出来了，我看了真觉‘瘟臭’，痛惋而且呕吐。”（《高长虹文集》中卷第155页）

鲁迅的反击始于《所谓“思想界先驱者”鲁迅启事》，此文发表于1926年12月10日出版的《莽原》半月刊第23期。文中说：“近有长虹在《狂飙》上，迭加嘲骂，而狂飙社一面又锡（赐）以第三顶‘纸糊的假冠’……此等名片，乃是他人暗中所加，别有作用，本人事前并不知情，事后亦未尝高兴。”

明眼人一看就明白，“思想界之权威者”与“思想界先驱者”，是完全不同的两个概念。鲁迅先生对韦素园的“思想界权威”这顶桂冠未置可否，却对高长虹的“思想界先驱”反戈一击。因此引起了高长虹对鲁迅更进一步的误解。

写完这则“启事”之后，鲁迅在给许广平信（《两地书》七九信）中有过这样的话：“所以我昨天就决定，无论什么青年，我也不再留情面，先作一个启事……而对于别人用我名字，则加笑骂等情状，揭露出来，比他唠唠叨叨的长文要刻毒得多……”

高长虹在一些文章中对鲁迅的谩骂和攻击，表现出感情用事、不近人情的倾向，是十分错误的。但是正如董大中先生所言，在退稿事件上，高长虹是无辜的；在“思想界之权威者”问题上，高长虹的观点符合五四精神，同样是无辜的。至于在“许广平之争”上，高长虹有着更大的冤屈。而向鲁迅通报“狂飙上有一首诗，太阳是自比，月亮是她，我是夜”的“流言”的，还是韦素园。

高长虹第一次来到太原，三晋的名胜古迹更加吸引他，他畅游了文庙博物馆、文瀛湖、海子边、双塔寺、汾河岸、晋祠……他喜欢站在智伯渠旁观看那川流不息的晋水，那水和故乡老虎堖上的那股清泉一样的晶莹、一样的清澈。

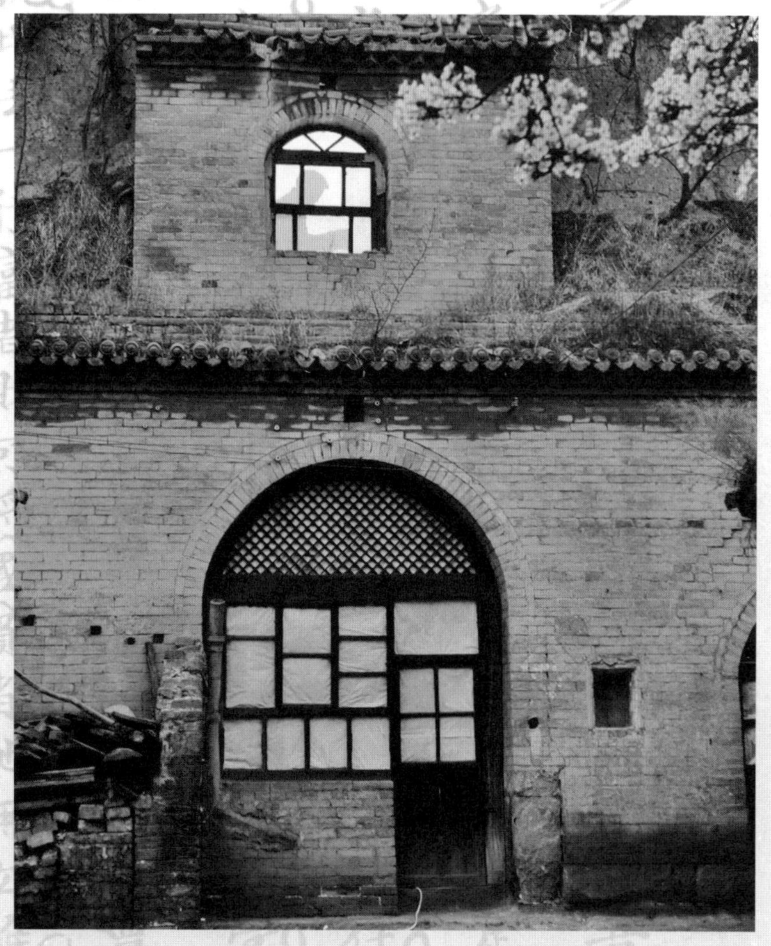

1915 年 12 月 12 日袁世凯宣布称帝，改国号为“中华帝国”，以 1916 年为“洪宪元年”，窃国既成，封阎锡山为“一等侯”。阎感激涕零，誓死效忠，立即疯狂迫害反对过“劝进”的人，高长虹的厄运从此开始，他被作为查究重点对象，人身安全受到严重威胁，只得返回老家，只上了两年中学便结束了十年寒窗生涯。

除韦素园、韦丛芜兄弟外，未名社的另两位成员李霁野、台静农都是长寿老人，几十年后，此二人仍不肯公正客观地评价高长虹。1984 年，董大中拜访李霁野时，一提到高长虹，李的脸色大变，说：“高长虹的案不能翻。他把自己一伙称为‘山西帮’，把我们叫做‘安徽帮’。这个人意识很不好。”1989 年，《高长虹文集》出版后，山西有关单位在北京借鲁迅博物馆召开了《高长虹文集》出版座谈会，接着，《鲁迅研究月刊》又重登了高长虹的《一点回忆》。对此，李霁野火冒三丈，不仅退回了鲁迅研究室发给他的顾问聘书，后来见到鲁迅研究室主任陈漱渝，又大骂“混账”！而据说远在台湾的台静农得知《高长虹文集》的出版，也极为生气。读了董大中先生的《鲁迅与高长虹》才发现，安徽作家群之所以如此对待高长虹，却原来也是“别有隐情”的。

三

错位的“月亮”

1916年春，长虹从太原回家不久，就带上中学的全部课本来到北京，住在宣武门外椿树胡同的盂县会馆。盂县人住此是不收房租的，这里离京师图书馆分馆很近，看书很方便。

高长虹第一次来到向往已久的古都，宏伟的故宫、美丽的颐和园、伟大的长城、被八国联军焚毁的圆明园……这一切使他感慨万千，决心刻苦学习，寻找救国之策，为复兴中华而奋斗。

长虹到北京后，初次看见章太炎的书，非常喜欢，“大概有一年多的样子”，他说：“我所爱的，一态度鲜明，二论理谨严，三文章古典，四学问渊博。”

我在天涯行走，
月儿向我点首，
我是白日的儿子，
月儿呵，请你住口。

我在天涯行走，
夜做了我的门徒，
月儿我交给他了，
我交给夜去消受。

夜是阴冷黑暗，
月儿逃出在白天，
只剩着今日的形骸，
失却了当年的风光。

我在天涯行走，
太阳是我的朋友，
月儿我交给他了，

高长虹到北京后，开始到当时最进步的著名大学——北京大学旁听，著名教育家蔡元培担任校长。从北京的盂县会馆到北大路途很远，高长虹没钱坐车，每天一个来回要走两个多小时。他选听的是国文系，最受学生欢迎的是章太炎的两个学生，一个讲心理学，一个讲伦理学。高长虹在《读〈谢本师〉》中写道：“教员初上台的时候,总务长一经介绍，台下的学生便立刻都眉飞色舞，可知章太炎的名字在那时有多么漂亮！”

带他向夜归去。

夜是阴冷黑暗，
他嫉妒那太阳，
太阳丢开他走了，
从此再未相见。

我在天涯行走，
月儿又向我点首，
我是白日的儿子，
月儿呵，请你住口。

这首诗是高长虹爱情诗集《给——》的第28首，发表在1926年11月21日出版的上海《狂飙》周刊第7期上。

一个月后，鲁迅收到了韦素园的来信，知道了“月亮诗”的传言。后来鲁迅在给许广平的信中，证实了这一点：“那流言，最初是韦素园通知我的，

高长虹经常到香炉营图书馆去看书，一看就是一天，直到图书馆关门。他读了达尔文的《物种起源》、考茨基的《阶级斗争》、布哈林和普列奥布拉任斯基的《共产主义 ABC》、尼采的《查拉图斯特拉如是说》、章太炎的《驳康有为论革命书》……这时期高长虹尤其喜欢《新青年》，李大钊的《青春》、胡适的《文学改良刍议》、陈独秀的《文学革命论》，都给他留下了深刻的印象。他觉得《新青年》是中国新生时代开始的标志，他认为《新青年》所提倡的白话运动具有重大意义，他最欣赏的是《新青年》表现出的强烈爱国精神。

这是位于北京阜成门内西三条的鲁迅故居。1924 年 12 月 10 日晚上，高长虹第一次来此拜访了鲁迅。

鲁迅在高长虹身上倾注了不少心血，高长虹的《心的探险》一书，曾作为鲁迅主编的《乌合丛书》之一，由北新书局出版，鲁迅为长虹亲自选定篇目校对文字并设计了封面。

1917年7月，张勋复辟，北京街头又挂起龙旗，“辫子兵”横冲直撞，“讨逆军”飞扬跋扈，把北京搞得乌烟瘴气。大学停课、图书馆关门，没有了正常的学习环境，再加上家境困难，高长虹无法继续在北京读书，只得带着北大国文系全部教材，回到家乡继续自学，同时也开始练习文学基本功。

说是沉钟社中人所说，狂飙上有一首诗，太阳是自比，我是夜，月是她。”

12 月 29 日，鲁迅在复韦素园的信中写道：

至于关于《给——》的传说，我先前倒没有料想到，今天才将那诗看了一回。我想原因不外三种：一、是别人神经过敏的推测，因为长虹的痛哭流涕的做《给——》的诗，似乎已很久了；二、是《狂飙》社中人故意附会宣传，作为攻击我的别一法；三、是他真疑心我破坏了他的梦——其实我并没有注意到他做什么梦，何况破坏——因为景宋（即许广平）在京时，确实常来我寓，并替我校对，抄过不少稿子，《坟》的一部分，即她抄的，这回又同车离京，到沪后她回故乡，我来厦门，而长虹遂以为我带她到了厦门了。倘这推测是真的，则长虹大约在京时，对她有过各种计划，而不成功，因疑我从中作梗。其实是我虽然也许是“黑夜”，但并没有吞没“月儿”。

言行（阎继经）先生在他的研究文章中认为，在“思想权威”问题上，是高长虹误解了鲁迅；在“恋爱纠纷”问题上，是鲁迅误解了高长虹。董大中先生的看法不同，他认为鲁迅没有误解高长虹，因为鲁迅经过分析，还是将长虹“真疑心我破坏了他的梦”的可能性排在了最后。

现在看来，虽然鲁迅的分析是比较理性的，但从“排位先后”断定相信的程度，则未免天真了些。当时正在热恋着许广平的鲁迅，听到有人跟他争夺许广平的“流言”后，还是上了心了，也就是说，尽管有疑问，他还是信了那“流言”。鲁迅不仅对“第三种原因”着笔最多，而且在给韦素园的信中他接着写道：“如果真属于末一说，则太可恶，使我愤怒。我竟一向在闷葫芦中，以为骂我只因为《莽原》的事。我从此倒要细心研究他究竟是怎样的梦，或者简直动手撕碎它，给他更其痛哭流涕。只要我敢于捣乱，什么‘太阳’之类都不行的。”

第二天，鲁迅写了跟高长虹“开了一些小玩笑”的小说《奔月》。高长虹成了恩将仇报的“逄蒙”式的小人。

自此以后，高长虹的“月亮诗”变成了“攻击鲁迅”之作，在狂妄、忘恩负义之外，又加上了一个企图夺人之爱的作风上的污点。连《鲁迅全集》的编者，竟也在鲁迅复韦素园的信后加注说：“《给——》短诗，高长虹作，载《狂飙》周刊第7期。诗中他自比为太阳，以月亮喻许广平，以黑夜影射鲁迅。”

一个捕风捉影的流言，至此演变成为一场千古冤案！

高长虹真的追求过许广平吗？

还是让高长虹站出来说一次话吧。1940年高长虹应茅盾先生之约，在重庆《国民公报》上发表了《一点回忆——关于鲁迅和我》，文中说：

一天的晚上，我到了鲁迅那里，他正在编辑《莽原》，从抽屉里拿出一篇稿子来给我看，问我写的怎样，可不可修改发表。《莽原》的编辑责任完全是由鲁迅担任的，不过他时常把外面投来的稿子先给我看。我看了那篇稿子觉得很好，赞成发表出去。他说作者是女师大的学生。我们都说，女子能有这样大胆的思想，是很不容易的了。以后还继续写稿子来，此人就是景宋（即许广平）。我那时候有一本诗集（即《精神与爱的女神》），是同《狂飙》周刊一时出版的。一天接到一封信，附了邮票，是买这本诗集的，这人正是景宋。因此我们就通起信来。前后通了有八九次信，可是并没有见面，那时我仿佛觉得鲁迅与景宋的感情是很好的。因为女师大的风潮，常有女学生到鲁迅那里，后来我在鲁迅那里同景宋见过一次面，可是并没有说话，此后连通信也间断了。以后人们所传说的什么什么，事实的经过，却只是这样的简单。景宋所留给我的唯一的印象就是一副长大的身材。她的信保留在我记忆中的，是她说她的性格很矛盾，仿佛中山先生是那样性格。青年时代的狂想，人是必须加以原谅的，可是这种朴素的通信也许就是造成鲁迅同我伤感情的第二次原因了。我对于当时思想界那种只说不做的缺点，在通信中也是讲到的。

后来我问了有麟，景宋在鲁迅家里的厮熟的情形，我决定了停止与景宋的通信，并且认为这种办法是完全正确的。

高长虹心中的“月亮”是谁呢？

四

心中女神是评梅

《给——》是高长虹的一部恋爱诗集，共写过40余首，边写边发表，发表时都题作“给——”，并加上编号。1927年作者挑出40首，作为《狂飙丛书第三》第六种，由上海光华书局发行，所谓“月亮诗”，为《给——》的第28首。

高长虹在《写给〈给——〉》一文中说：“我初写的时候，还只为一事一物。后来，那些不属于通常所叫做恋爱的，我也都写了。而且它们完成了恋爱。所以它们也仍然是恋爱。因为恋爱的范围扩大，所以诗歌的范围也随着扩大了。”可以看出，这本书中所写的女性，有的是诗人的朋友、熟人，有些是一面之交，连姓名都不一定知道的“外人”，还有些仅仅出现于诗人的想象中。尽管如此，还是有一个人在主宰着诗人的情感世界。正如长虹自己所言：“当我凝想的时候，一个人形出现了，就写她在我的诗里。这一首诗不同于别一首诗，因为这一个人不同于别一个人。如其缺乏了其中的一人，我的这本诗便不会这样完全。”（《高长虹文集》中卷第287页）

那么，作者心中的女神究竟是谁呢？是长虹的山西老乡，平定才女石评梅。

在《给——》的第30首中，有“你父把我像朋友

高长虹的诗集《精神与爱的女神》出版后，许广平曾给高长虹去信，附了邮票，要购买这本书。书中《离魂曲》被学者称为“承屈原之精神，铸造现代之忠魂”。它用“离骚”体，却并不拘泥，立意高远，含义深沉。

莽原

9

弦上

長虹

序言

讓我把這支箭，射中你的心窩！不偏不倚，從你的正中，迸出鮮紅的血來！

如其你被倒之後，堂堂正正地能站立起來，朋友，恭喜你，你已成爲一條好漢了！

如其你沒有聲響地倒地而亡，那也沒有什麼要緊，因爲這也正是我所希求的。

『順我者死，逆我者生！』暴燥的箭在未粉之前如是咆哮。

躲過了箭的人不幸呵，他將在不生不死中偷度其殘生！

人是時當負有創傷的心與身的總和。

如其你只顧把你的軀殼養得肥胖，讓你做猪子去好了。專門預備了肉給人吃的動物時常是肥胖的，箭所無須射的動物，你可憐的猪子呵！

但是，我的箭，將不徘徊於估價，不復顧忌於無須。他有時，爲不肯輕於饒恕那些逃脫者，且將無的而放。

『放射！放射！不知其他！』張弓待發的箭如是宣誓。

一，病中囈語

打死幾個中國人，在英日兇人的眼中，算不了一件事情，這值得大驚小怪？

大驚小怪，也止於是排外而已！只就這個「外」字說，便有多麼冠冕堂皇，可以把一切罪惡藏得痕跡不露！而這個「排」字又確乎可以給中國人的義舉加以適當的罪名。

我們眞昏透了，我們不知道這個「外」有什麼「排」的價値！

我們雖沒有人的力，但不是沒有人的心。如其有什麼東西對我們以非人的態度時，我們便要毫不顧忌地起來反抗，或者說是排。但我們排的不是外，而是出乎內外之外的「非人」。

英日的蠻人呵，如其你們不滿意我們的排時，那你們便乾脆剝下你們的鬼臉，讓我們看一看，在羞耻中抽縮的人的面皮！

中國的命運，本來無時不在風雨飄搖之中，

只因人們得久了，且又是些除了自喜歡管閒事的人們，所以表面上又事似的。大學者們可以幽嫻貞靜地，大學教授也來主張看戲逛窰子的一有事變，則潛伏在人心裡的義憤不住地發作出來。然這有什麼用處也不過表示中國人還有一小部分有情罷了！其結果，也只是流一些血倦了的時候，一哄而散。於是，人國放在腦後，便又沒事似的敷衍他去了。這樣下去，非亡國不可，無表示得如何熱烈。衝動是可以臨時力呢，那使非平時準備不可。中國分人——人多當然越好——能夠把時刻留在心裏，救國的責任時刻挑亡國嗎，是一件平淡無奇的事！

就目前而論，確實可行的，自

目錄

《莽原》周刊在新文学史上的地位是有目共睹的。高长虹此时的创作，有很强的战斗性。他的作品和祖国民族的命运相联系，和国内政治斗争相呼应。“五卅运动”发生后，高长虹在《莽原》周刊发表散文诗《天上·人间》，痛斥了那些诬蔑工人运动为“暴徒”的强盗逻辑。他写道：“有人为了防御而同他们斗争，他们群起而攻之，叫他们做暴徒。他们以为，别人是应该镇静地躺着，让他们一口一口地吃尽，才是正理，被吃的人太不驯服，世界便不安了。他们有权利可以裁判他去。”

待/我待他如小丘待泰山”两句，接下来的第五节更是明确：

你父曾坐一儒官，
我父也曾坐知县，
门当户对我把你娶，
我是娇婿你是好妻房。

石评梅，1902 年 9 月 20 日生于山西平定县城西关大石头沟一个书香之家，先祖中有多人为官。石评梅的父亲石铭，字鼎丞，清末举人，民国初年在位于太原文庙的山西省立图书博物馆任职（言行的《高长虹评传》称时任馆长），是一名“儒官”。高长虹同样出生于耕读之家，父亲高鸿猷，晚清举人，

鲁迅跟高长虹在北京时期交往频繁，前后将近一年半，了解最多。两人见面之后，高长虹成了鲁迅的座上客，鲁迅待之不薄。1925 年 4 月 11 日，筹办《莽原》周刊，首先邀的是高长虹，鲁迅亲自在《莽原》周刊和半月刊上编发了高长虹的 31 篇作品，是在该刊发表作品最多的作者。

○许广平

《精神与爱的女神》出版后曾在《莽原》周刊刊登广告，其中有：“这本诗集的内容在歌颂理想的爱——两性共同的创造——以暗示新的人生全部的意义。爱的女神不含神秘的意味，乃象征一切具有优美的灵性而为现实所淹没的女性，精神亦不过代表觉悟到某种程度的形式而已。”

曾先后在天津杨柳青县和河北昌黎县任承审员和代理知事。正所谓“我父也曾坐知县”。

高长虹于1921年初，跟父亲高鸿猷闹了场“别扭”，父亲叫他找点事做，赚钱养家，他却要坚持走自己的路。父亲一气之下，说：“我的粮食是不能够给游手好闲的人吃的。”这句话很伤高长虹的自尊，于是决定外出谋事，自食其力。并于当年的

1926年4月，许钦文的小说集《故乡》作为《乌合丛书》之二，由北新书局出版。高长虹在《小引》中说：“一天，鲁迅先生把这《故乡》的原稿交给了我，要我选一下，如可以时，并且写一篇分析的序。”可见，在鲁迅眼里，高长虹具有很高的地位。《故乡〈小引〉》是高长虹的一篇重要逸文。它记录的是鲁迅对高长虹的信任和器重，这是鲁迅一生托人代替自己给他人小说集作序的唯一一次。

文庙博物馆，坐落在太原城东南角的上官巷，馆长石鼎丞是山西才女石评梅之父。1921 年初，高长虹在文庙博物馆找到工作，职务是书记员，实现了他自谋生路、自食其力的愿望。

三四月间第二次来到太原，依着父亲高鸿猷与石铭的关系，在省立图书馆找到一份工作，并当上了石铭的助手，二人同桌办公，相向而坐。此时的评梅已考入北京女子高等师范学校即女师大，假期回到太原看望父亲时认识了高长虹，回到北京后便与高长虹有书信来往。

也正是在这个时期，石评梅在北京宣武门外山西会馆的一次集会上，结识了山西最早的革命家，曾在省立一中读过书的高君宇，并谈起了恋爱。《给——》中写到的“美人儿从此归他人 / 一刹那的遗（贻）误百世的心”以及“时代变了人的心 / 美人而今又爱英雄”，指的都是石评梅与高君宇。

可以证明高长虹对石评梅“单相思”的，还有他的小说《革命的心》，这是一篇自述性极强的小说。小说中的女主人公张燕梅，更多地显示出高长虹心中的石评梅的影子，而对男主人公刘天章的描述，许多都是纪实性的。

对于石评梅这样受过现代教育的女性，是不可能完全接受父母指定的婚姻的。但石铭非常喜欢高长虹。石评梅出生时，石铭先生已经46岁，他极爱自己这个老生女，而对高长虹的学识、才能又极为赞赏，加上跟高父相识，又是半个老乡，认为两家门当户对，于是就时常向高长虹说起自己的爱女，连评梅小时候被臭虫咬了哭哭啼啼的样子，也会有声有色地描述出来（长虹在《给——》第30首中有：“自古诗人爱少女 / 少女纯真与憨戏 / 臭虫咬破了嫩肉皮 / 夜中学作少儿啼”）。

石铭先生对女儿的夸赞和描述，在文庙的短暂相见，使高长虹写下了《精神与爱的女神》里的第一首诗：《美的颂歌》。

当时与高长虹和高君宇相识的人中，如张稼夫、张磐石、张恒寿等人都说过，“二高”不仅是同学（山西省立一中），而且是情敌。

正当高长虹在北京创办《狂飙》周刊，并出版了《精神与爱的女神》，在文坛上稍有影响之际，1925年3月5日，高君宇猝发急性盲肠炎去世。对于正在思恋着石评梅的高长虹，这未尝不是一个机会，但是长虹并没有读懂评梅的心。高君宇的死亡，对于石评梅犹如晴天霹雳。她深爱着高君宇，却在君宇生前没有答应他的求婚。其中的原因，或许就有父亲极力推荐高长虹，评梅又一时无法拒绝父亲的要求。因此，她认为君宇的死是跟她有关系的。

于是强忍着悲痛，在高君宇的墓碑上刻上了自己的名字，决心要跟着高君宇殉情而去了——

我是宝剑，我是火花。
我愿生如闪电之耀亮，
我愿死如彗星之迅忽。

这是君宇生前自题相片的几句话，死后我替他刻在碑上。

君宇！我无力挽住你迅忽如彗星之生命，我只有把剩下的泪流到你坟头，直到我不能来看你的时候。

——评梅

这便是高长虹的“单相思”。高君宇3月5日逝世，两个月后，《给——》便接连不断地在几个刊物上发表，这样来看，不排除高长虹对石评梅心存的“隐默的希望”吧。

五

自酿苦酒　引火烧身

○张磐石

张磐石（1905—2000），寿阳县人，狂飙社重要成员。他是在“狂飙”运动影响下走上革命之路的，与高长虹有很深的友情。他在《我与高长虹》一文中写道：“1931年，我由太原返回东京时，出乎意外地接到朋友转来长虹给我的信，说他已来到东京要见我。我当即到浅草区一公寓看望了他……我发现书案上已有编出的一部分字典，字迹很工整。也有从上野图书馆辞典字典中摘录的零星卡片，还见他桌上有郭任远著的介绍行为主义的书。他告我：他经常早饭后即到上野图书馆阅读列宁关于唯物辩证法的书和苏联文学、苏联革命建设的书，晚上才回公寓……约有半年时间我们过从甚密，他有时又请我去看苏联电影和讲一些日本左翼文坛的情况，我给他译述一些瓦尔加编的《世界经济年报》、苏联五年计划进行情况等。”

高长虹在《1925，北京出版界形势指掌图》中开门见山道："我所说的话，其实只是看见什么便不愿意私有，以为说明真相，对于同时代的人们都不无用处。至于世间也不是没有人喜欢秘密，厌恶公开，然此只个人好恶不同，他喜欢秘密便秘密他的，我喜欢公开便公开我的，各行其是，本无抵触。"

直言不讳而心无谋略的高长虹，在公开发表给鲁迅和给韦素园的两封信后，自以为真理自有公判，便"看见什么便不愿意私有"。其实从战略到战术，长虹都是犯了忌的，这便注定了他在"高鲁冲突"中的惨败。

长虹心中的那口恶气，一开始本是冲着韦素园来的，本以为通过公开信的激将，让鲁迅站出来说几句公道话，批评一下"安徽帮"也就摆平了。但他没有意识到，把给鲁迅和韦素园的两封信放在一起同时发表，就已经将本以为和自己"算是一派"的鲁迅先生推到了一个说也不是，不说也不是的尴尬境地。鲁迅知道，如果他站出来说话，其结果必然是"跟了一面，其余的英雄们又要造谣"。（见《新的世故》）因此采取了"置之不理"的态度。长虹一气之下，写出万字长文《1925，北京出版界形势指掌图》，干脆将鲁迅推向了自己的对立面。

《指掌图》之后，高长虹又作《时代的命运》，其中写道：

我对于鲁迅先生曾献过最大的让步，不只是思想上，而且是生活上，但这对于他才终于没有益处，这倒是我最大的遗憾呢！

这也可以说是我最后斟给鲁迅先生的一杯苦酒吧！

高长虹怎么也没有想到，这是他酿给自已来饮的一杯苦酒。

鲁迅对“退稿事件”的态度，正如1926年10月28日在给许广平的信中所说：“长虹因为他们压下（压下而已）了投稿，和我理论，而他们则时时来信，说没有稿子，催我作文。我才知道牺牲一部分给人，是不够的，总非将你磨消完结，不肯放手。我实在有些愤怒了，我想至24期止，便将《莽原》停刊，没有了刊物，看他们再争夺什么。”从中不难看出，鲁迅对于韦素园退掉狂飙作家群的稿子，开始是很不高兴的。

鲁迅对于“退稿事件”和高长虹公开信的认识，开始认为是狂飙作家群与安徽作家群在“互相嫉妒”，是为了争夺“地盘”；既而又认为“其意盖在推倒《莽原》，一方面则推广《狂飙》销路”。对于前一种原因，鲁迅采取了一方面对高长虹“置之不理”，一方面尽可能息事宁人，甚至将《莽原》

○张稼夫

张稼夫（1903—1991），文水人。1922年他在太原开化寺办“晋华书社”，长虹经常到书社读书，结识了张稼夫，成了终生不渝的挚友。

停刊的办法。当年11月15日，许广平在给鲁迅的回信中说：“少爷们听说你停办莽原，回信就有稿了，这真奇怪，他们几个人实在太有点包办，又不甘放弃，利用人家资本，发表自己著作，一方又排斥别人，自然招怒且迁怒于你，你算傻子了。”

按照学者廖久明先生的统计，从“退稿事件”发生，到高长虹写出《我走出了化石的世界，待我吹送些新鲜的温热进来》止，高长虹攻击鲁迅的文章有7篇，其中《给鲁迅先生》《1925，北京出版界形势指掌图》《时代的命运》《我走出了化石的世界，待我吹送些新鲜的温热进来》主要针对鲁迅，《吴歌甲集及其他》《思想上的新青年时代》《自画自赞，自广告》等文章涉及鲁迅。而鲁迅除《所谓“思想界先驱者”鲁迅启事》是针对高长虹的狂飙社广告外，只在《写在〈坟〉后面》和《〈阿Q正传〉的成因》中涉及高长虹及其广告。

高长虹连篇累牍的讨伐和攻击，使鲁迅先生改变了初衷。1926年11月23日，鲁迅致信李霁野：“倘不停，我想名目也不必改了，还是《莽原》。《莽原》究竟不是长虹家的。我看他《狂飙》第五期上的文章，已经堕入黑幕派了，已无须客气。我已作了一个启事，寄《北新》《新女性》《语丝》《莽原》，和他开一个小玩笑。”

11月28日，鲁迅在给韦素园的信中又说：“《莽原》改名，我本为息事宁人起见。现在既然破脸，也不必一定改掉了，《莽原》究竟不是长虹的。”

鲁迅的反击是致命的。就在高长虹接连发出几篇自以为真理在握，胜利在望的攻击文章，并且“自画自赞，自广告”时，令他防不胜防的是，鲁迅后发制人的几颗重磅炸弹也正在向他飞来。

继《〈阿Q正传〉的成因》之后，12月22日，鲁迅作《〈走到出版界〉的战略》。这篇文章直接摘取了高长虹《革革革命及其他》《1925，北京出版界形势指掌图》《呜呼，现代评论化的莽原半月刊的灰色态度！》等一系列文章中的文字，以其“自相矛盾”，达到不攻自破的目的。

紧接着，鲁迅在12月24日《新的世故》中，又对高长虹的种种指责进行了反击，其中写道：“知其故而言其理，极简单的：争夺一个《莽原》；或者，《狂飙》代了《莽原》。仍旧是天无二日的酋

○王振翼

○贺　昌

通过张稼夫介绍，长虹结识了山西早期共产主义者王振翼、贺昌等人。

○高沐鸿

高沐鸿（1900—1980），学名高成均，字鸿甫，山西武乡人，“狂飙”社重要成员。1923年毕业于山西省立第一师范，与高歌同班，由高歌引荐认识了高长虹，由于爱好文学，便成了好朋友，加入“狂飙”社，亲笔题写“狂飙”的刊名。中华人民共和国成立后历任山西省文联主任、省政府监委会副主任、省委宣传部副部长、省第四届政协副主席等职。

长思想。”

“酋长思想”，是周作人在《南北》一文中提出来的。早在1923年，鲁迅和周作人兄弟已经失和，兄弟两个见了面都不说话。但毕竟是“藕断丝连兄弟情”。正如董大中先生在《高鲁冲突》中所言：“周作人看到乃兄受到高长虹的攻击，到底不像挑起高鲁冲突，又在坐山观虎斗的几个‘南人’即韦素园等人那样悠然自得，坐不住了，就也操起戈矛剑戟，披挂上阵。当时公开撰文站在鲁迅这一边的，就只他这个弟弟。”于是高鲁冲突又演变成了高长虹与周氏兄弟的对垒，长虹又多了个重量级对手。

对于这场冲突，韩石山先生的观点很有意思。冲突初起，高长虹并不像后来那样一味谩骂，而是提出了一些可供讨论和澄清的问题的。可是鲁迅不给长虹“面子”，开始是“置之不理”，后来又以《启事》跟长虹“开玩笑”，最后的“战略”则是把高长虹的言论作了拼贴——我们都知道，鲁迅论战的方式往往是不驳对手的论点，而是只就“‘论敌’之要害，仅以一击给予致命的重伤”，即所谓“攻其一点，不及其余”。对于这种战法，高长虹是有苦难言，有屈难诉，想争都争论不下去，这才骂起娘来。

就在这时，高长虹又一次引火烧身。《给——》第 28 首一发表，立即引来了关于“月亮”的流言，使论争很快转了向。人们结合长虹在《时代的命运》中“我对于鲁迅先生曾献过最大的让步，不只是思想上，而且是生活上”的自述，认为高长虹是“不打自招”，将高长虹再一次推向了被动、尴尬、屈辱的境地。正如鲁迅在 1927 年 1 月 2 日致许广平信中所说的话：“近来也很回敬了他几杯辣酒”。

酒是苦酒，但也是自酿的苦酒，只好自斟自饮。

〇张恒寿

张恒寿（1902—1991），平定人，石鼎丞的侄子，小高长虹 4 岁。他常到文庙博物馆看望叔父，因此认识了高长虹，第一次见面就成了知己。他很喜欢和高长虹聊天，他们从中国的国情到各种主义都进行了探讨，谈得很投机。

广平兄：

五日与七日的两函，今天（十二）上午一同收到了。这封挂号信，却并无要紧，不过我因为想发议论，倘被遗失，未免可惜，所以宁可做得稳当些。

这里的风潮似乎还在蔓延，不过结果是不会好的。有几个人还想利用这机会高升，或的向学生方面讨好，或的向校长方面讨好，真令人看得可叹。我的事情大略已了，本可以动身了，而今天有一只船，来不及坐，其次，只有星期六有船，所以于十五日总可以走。这封信大约要和我同船到粤，但姑且先行寄出。我大概十五上船，也许十六才开，则到广州当在十九或二十日。我拟先住广泰来栈，和骝先接洽之后，便姑且搬入学校，房子是大钟楼，据伏园来信说，他所住的一间就留给我。

助教是伏园去谋来的，我何敢自以为"恩典"，容易"爆发"也好，容易"发暴"也好，我就是这样，横竖种种谨慎，还是被人逼得不能做人。我就来自画招供，自说消息，看他们其奈我何。我对于"来者"，先是抱给与的普惠，而惟独其一（这一句话似乎不很好，但已经写上，不再改了）是独自求得的心情。这其一而使是对头，是敌手，是枭蛇鬼怪，要推我下来，我即甘心跌下来，我何尝愿意站在台上。我就爱枭蛇鬼怪，我要给他践踏我的特权。我对于名誉，地位，什么都不要，我只要枭蛇鬼怪够了。但现在之所以只透一点消息于人间者，一则为己，是还念及生计问题，（二）

鲁迅致许广平的亲笔信（一）。

为人，是可以想以我为偶象，而作改革运动。但要我兢兢业业，专为这两事牺牲，是不行了。我牺牲得够了，我从前的生活，都已牺牲，而受者还不够，必要我奉献全部的生命。我现在不肯了，我爱对头，我反抗他们。

这是你知道的，我这三四年来，怎样地为学生，为青年拼命，并无一点坏心思，只要可给与的便给与。然而男的呢，他们互相嫉妒，争起来了，一方面不满足，就想打杀我，给那方面也无所得。看见我有女生在坐，他们便造流言。这些流言，无论事之有无，他们是在所必造的，除非我和女人不见面。他们貌作新思想，其实都是暴君酷吏，侦探，小人。倘使顾忌他们，他们更要得步进步。我蔑视他们了。我有时自己惭愧，怕不配爱那一个人；但看看他们的言行思想，便觉得我也并不算坏人，我可以爱。

那流言，最初是韦漱园通知我的，说是沉钟社中人所说，狂飙上有一首诗，太阳是自比，我是夜，月是她。今天打听川岛，才知道此种流言早已有之，传播的是品青，伏园，衣萍，小峰，二太太……。他们说我带她在厦门了，这大约伏园不在内，而送我上车的人们所流布的。黄坚从北京接家眷来此，又将这流言带到厦门，为攻击我起见，广布于人，说我之不肯留，乃为月亮不在之故。在送别会上，陈万里且故意说出，意图中伤。不料完全无效，风潮并不因此而减，根株甚深，并非由我一人而起。况且此

鲁迅致许广平的亲笔信（二）。

可以，但也许有事别外出，回信至今未见，来也就罢了。

杨桃种类甚多，最好是花地产，表面条纹满而个小且胀者佳，如此则香滑可口，从前带去来者是酸的，现时已没有此果了。"桂花蝉"顾名思义，想是味合桂花，或在桂花时有来。"龙虱"是活的，生水上游，外甲壳，内软翅，似金龟虫，也略能飞，食此之物，先去内外翅，再轻轻抽去头，则肠脏随头出，再去足，讲究的食其軟处，弃其硬壳，或连壳嚼而吐滓，不吐而食硬是粗人，不识食此物者异味，能食者说佳，否则不敢食，如蚕虫是也。我是食的，而且喜欢食，别有风味，却不能言说，买这东西以西关（西域）某处为佳，不会买则干燥无味，要不干不湿，咸淡适宜为佳。

伏园先生每日打算食饭，实在讨厌，即此一层，广大也难的谜，至于广东讨厌的是请食饭，你来我往，每一食四五十元，或十余元，实不值得，你性是拒绝这事的，或者能避免。

少爷们所作说停止发表，回信就有稿了，这真奇怪，他们几个人实在有点自私，也不甘寂寞，利用人家资本发表自己著作，一方又排斥别人，自然招怨，这些想于你何算做。

我以为研究系不必你打击，因为他闹大了，国民党有权有势，较你一支笔容易制服他，他如不死不活，不……性则也无须理他，我们有我们工作，何必同乳臭小子算帐。

许广平致鲁迅的亲笔信。

六

游学八载　心系抗战

高长虹的文艺思想

文艺为什么人的问题，是个根本问题，原则问题，1938 年 6 月，高长虹在《纪念七月·差半车麦秸》中写到“文艺的职责是在描写一般人民的生活。人民才是民族的真正的代表。民族文艺是在为人民服务。……为人民写作，给人民阅读，更进而鼓励人民，武装的，尤其是未武装的”。

对于艺术家如何去为人民服务的问题，1939 年 3 月高长虹在《艺术与民主》一文中说：“艺术不但应该是意志的表现，而且应是人民意志的表现，一般人所认为的时代精神是什么呢？这时代精神不是别的，就是人民的意志，那么所谓代表时代精神的艺术还不就是表现人民的意志吗？人民的意志发而为行动，就是时代。艺术的表现，比实际行动的过程简单得多，所以艺术作品不是要跟随时代，而是要在时代的前面，为时代先驱。艺术的意志的表现，同时又是人民意志的表现，所以艺术作家必须使自己的意志和人民的意志达到统一，才能够创造艺术作品。”

“艺术既然负有这样大的时代任务，艺术家们又如何能够离开人民，离开行动，对于时代不求深切的理解，于政治无所见，对自己敷衍了事呢？”

“艺术作家是人民的一分子。所以每一个艺术作家都负有两重的责任：人民的责任和艺术的责任。艺术作家所负的人民的责任，不是共同于人民的意志，人民的行动便罢，而且须是一个活动分子，直接参与时代的创造工作。”

“艺术的大众化，是时代对艺术家所提出的一个条件。不但形式要大众化，而且内容也要大众化。内容的大众化，不但要以大众的行动为创作的题材，而且出发点必须是大众的，必须是为大众的，内容的重要决不次于形式。”

高长虹认为：艺术作家只要深入群众、联系群众，把自己作为人民群众的代言人，自己的工作才有意义。“这不是说艺术作家应该在人民的上面，而是说必须在人民的中间，不是说要有高的地位，而是说要有前进的行动。”

高长虹的上述主张，与 1942 年 5 月毛泽东同志《在延安文艺座谈会上的讲话》精神完全一致。

在20世纪二三十年代，受五四新文化运动和辛亥革命的影响，中国有一大批有为青年开始放眼世界，纷纷走出国门，向国外学习民主科学理念与治国方略。高长虹也不例外。

有一种说法认为，高长虹的出国，是因为与鲁迅的公开论战遭到惨败，在文化界混不下去了，才被迫流亡国外的。然而，从高长虹萌发出国意愿的时间，从"高鲁冲突"之后狂飙运动在上海等地的再度兴起，以及长虹个人志向的转变等多方面考证，上述说法是站不住脚的。

高长虹出国的愿望早在狂飙社在太原刚刚成立的1924年就萌生了。在其后来写的《一点回忆——关于鲁迅和我》中透露了这一愿望。1924年他从太原来到北京，"当时的主要企图，是要到国外去。不过因为种种的人事关系，一直到五年后才成为事实"。在《1925，北京出版界形势指掌图》中又写到，那时，"我个人为生活所苦，日唯解决出国问题，他无所顾。"

这足以说明，出国的想法，是高长虹在认识鲁迅之前便有的，而且非常执着。困扰着长虹迟迟不能出国的，一是狂飙社事务缠身，二是解决不了经费问题。在《曙》中他写道："我只要能弄到旅费，我是立刻要动身到外国进实验室里去的。"

1928年前后，狂飙精英云集上海，再掀狂澜。这时长虹觉得有了脱身出国的机会。他在《致仲平》信中写道："出版部有沐鸿，编辑所有高歌、培良，

新中国是一个新天下

○高长虹

中国，
站起来了，
像一个壮年的人，
同侮辱永诀了，
来接受欢迎。

中国，
是在进军，
像新成立的部队，
一切战斗力量，
都编制在这里。

中国，侵略者的死敌，
世界和平的前卫，
从血泊中喊杀来了，
喊声震遍天地。

喊声集合起和平同盟，
喊声动摇了敌人的灵魂，
侵略者将连袂地倒了，
中国从血泊里升起，
仍在喊杀不停。

在喊杀声中，
多少弟兄埋葬在，
这个血泊之家，
仁者无敌，
要把敌逐出天涯！

中国，
世界的新英雄，
怀抱着胜利走来了，
向全世界的苦难，
向未来的光荣走来了。

英雄，
穿着新的血衣，
血来自自己腕底，
烧红着晓日，
从天涯升起。

敌人将绝迹了，
英雄血红化天涯，
遍地都映日华，
和平得救了，
新中国应受迎迓。

光荣归于中国，
全世界光荣复活，
新中国将仍前进，
向世界的苦难，
向人类的永乐。

劳动里没有休假，
英雄也没有自家。
全世界都站起来了，
在欢迎新中国，
一个新式的天下。

（原载中华全国文艺界抗敌协会机关刊物《抗战文艺》1938 年 12 月 17 日第三卷第三期。）

《月刊》他们是可以担负下来的。我这次是走定了，我只是不能毅然地远走，有事，我是立刻可以回来的，从东京到上海，怕比北平来还便当些。”这个时候长虹正好得到一笔稿费，他本打算在狂飙演剧第一次试演之后就出国，“不料又有狂飙印刷局，狂飙小剧场两件工程摆在面前。我如不去担当些责任，我够不上是一个狂飙运动者”！（《致已燃》）就这样拖来拖去，长虹出国的愿望直到1929年底狂飙社解体，才得以实现。

言行在其《一生落寞，一生辉煌——高长虹评传》一书中认为，高长虹热衷于出国，源自他有着强烈的开放意识、人类文化意识和逐步形成的开放性格。“长虹的一生，是和封闭意识作斗争的一生，是他逐步摆脱封闭的束缚，走向开放的一生。其基本走向是：由落后的农村走向文明的城市；由闭关锁国的中国走向开放的世界。”

“高鲁冲突”发生之后，高长虹不仅没有消沉，而是以更加开放的姿态从事他所热爱的事业。刚到上海，他就提出了“尊崇科学，尊崇艺术”的口号，指出“一切艺术都是人类联合的象征”（《〈青鸟〉与〈曙光〉》）。他还进一步预言：“中国将要把近代世界史缩图地复演过……将会变成一种中国的伟大的新文化，同时也便是世界的伟大的新文化，19世纪的俄国曾因这样而得到最后的胜利，20世纪的中国同印度又在继续着更进一步的工作了。”（《科学与时代》）

1930年初，高长虹给远在家乡山西盂县的妻子写了一封信，说自己归期无定，希望她改嫁。同时还寄回一张二寸照片作为留念。

二月，长虹赴日本。这是他早已选择好的路线，一来旅费低廉，生活费用相对便宜；二来当时的日本是一个非常开放的社会，信息灵通，资料丰富，查阅方便，是一种很适合研究与写作的环境。

高长虹在日本的情况，张磐石在1989年写的《我与高长虹》一文中有比较详细的描述。张磐石也曾经是狂飙社的“小伙计”，与高长虹有很深的友情。当年高长虹和他的狂飙运动曾影响了许多山西青年走上革命之路，张磐石就是其中的代表。这时的张磐石正在日本游学，期间回国一次，还曾多方打听高长虹的消息。在这篇文章中他回忆道——

1931年我由太原返回东京时，出乎意外地接到朋友转来长虹给我的信，说他已来到东京，要见我。我当即到浅草区一公寓看望了他，这可能是张稼夫同志说的他结束了上海的摊子以后到东京的，那时我看他的精神很好，不仅未有人们传说的他潦倒或颓丧的表现，而且仍然追求进步，孜孜不倦，奋斗不息，衣饰还是西装革履，相当整洁，只是生活很清苦。我问他上海左联的情形时，他说好，他赞成，没有说他为什么没参加。最初，我发现书案上有已经编出的一部分字典，字迹很工整，也有从上野图书馆辞典字典中摘录的零星卡片。还见他桌上有郭任远著的介绍行为主义的书（书名记不得了）。他告我：他经常早饭后即到上野图书馆阅读列宁关于唯物辩证法的著作和苏联文学、苏联革命建设的书，晚上才回寓，女服务员说他有时回来的很晚，有时误了吃饭……他的生活很困难，据女服务员说他已欠了公寓很多钱，老板知他是位学者，一直未硬逼他清账，就这样他还说，他想同日本左翼文坛的藏原惟人秋田丙崔等接触一下，再到德国去（当时我也不安于日本，已约好随王炳南同志等去德国）研究马克思和社会主义革命。我当时也很穷，生活几乎难以为继。和我同住的好友王大奇君（山西沁县人，学工的）帮了他旅费。没有多久，九一八爆发，我被日本警察所逼匆促归国了，没有来得及向他告别。

长虹在日本的境况，国内许多狂飙追随者和文化人是很关注的。1931 年 3 月 30 日和 5 月 11 日的《文艺新闻》上就刊登过两则长虹的消息。前一则是《狂飙的国际进出，长虹在地球上行动，火力场的火力！》其中写道——

长虹留日已两载，并改“虹”为“红”，或即系表示由诗而入行动也。最近长虹的工作是：一、建立行动学，二、由比较语言学进而草创新国际语。一位曾住武汉 8 年的意大利人，在意报上称长虹为东方唯一诗人；东京某日国际作家举行谈话会，一俄人朗诵《草书纪年》一篇，某老哲学家跳起狂呼道：“Genius！ Genius！（天才！天才！——笔者注）”《草书纪年》已译有日、俄、国际语三种文字云。

另一则消息是《五元日金生活一日，长虹在困窘中之苦斗》——

1930 年初，高长虹赴日，住在东京浅草区一简陋公寓，每天到上野图书馆阅读列宁关于唯物辩证法的著作和苏联文学，研究俄国“十月革命”和苏联社会主义经济建设的情况。

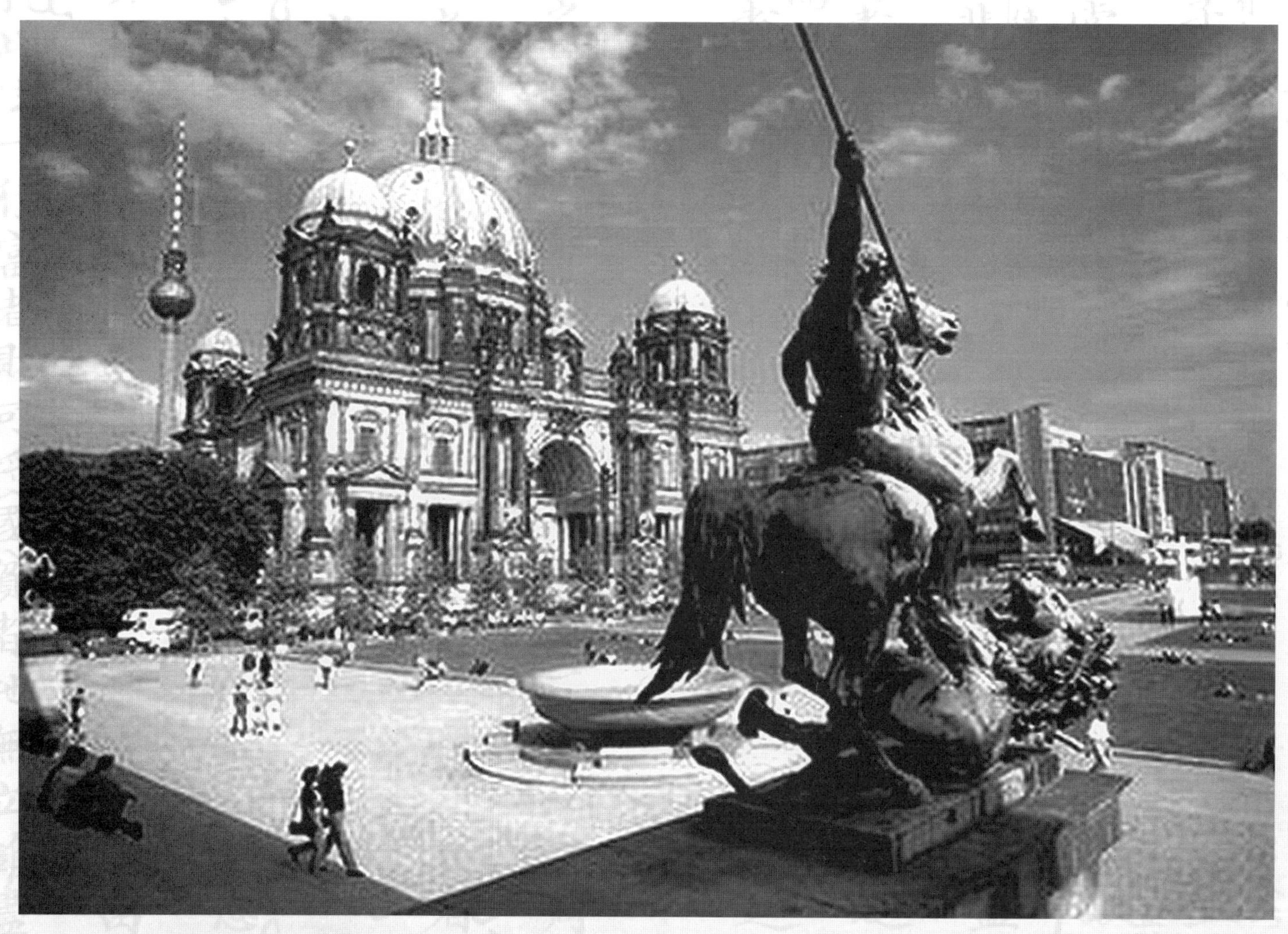

1932 年春，高长虹到达柏林，住在一间狭小的房间里。

……最近长虹又有信致国内友人，道及他的生活，其中说："生活，不以为苦。但工作不能跃进……我一向怕听文学家们泛滥的言词，因为骨子里是空的。不通讯，也是为避免接受他们虚张的感情……一时不预备回，行日食五元主义已十日，成绩尚好，但常有绝食之虞。此处有子（学）生三十余人，拟集百金赠我，因个人生活，不愿受助，谢却。但上海凡曾受助，或对我不无未尽，而对我工作有任何协力者，实久已在望。"

当年的4月15日，《书报评论》1卷4期《中外出版消息及其他》也刊登过长虹的情况："狂飙社高长虹自从去国以后，消息久绝。近闻他在日本东京努力创作，起草一长至200万字的长篇小说，现已写成70多万字了。"

长虹大约是在九一八事变爆发后不久的9至10月间离开日本前往欧洲的。据廖久明《高长虹年表》记载，长虹离开日本前，曾接到一个少年狂飙之友的信，希望狂飙能够复话，长虹回信说狂飙不复活了。

高长虹是一个特立独行的人，一生独身闯荡。在海外8年，他也是独往独来，因此这8年中他的行迹除偶尔有报刊的报道外，很少能见到另外的记录，尤其是在欧洲的情况，资料很少。

在近年来搜集到的长虹逸文中，有一本《政治的新生》，全书收入17篇文章（另有附录一、二计13篇），是长虹于1938年回国途中所写，这是一部极为珍贵的政论性著作，其中作者本人的自序，透露了他在欧洲期间，心系祖国、声援抗日的一些具体行动——

一九三四年在荷兰创办救国会，编印《救国周报》，于对日作战，略有陈述。一九三五年负责旅法救国会工作，一·二八纪念日在巴黎创刊《中国人民报》，对民族总动员，有较具体的意见发表。同年夏秋旅行瑞士德国间，草《行动，科学与艺术》一书，分上下两部。上部论中国的民族意识形态，下部为国防政策。后译入德文，西友见者，不无重视。惟因种种缘故，除一二篇英，德译文零星发表外，全书终未公布。时间在历史的行程中飞行，速于飞机，转眼间已是一九三八之七月。此小册子正文，从六月写起，到八月初止，大半成于七月（发表于香港、广州、长沙、武汉的几种报纸）。为纪念七月，名之为《政治的新生》。

一九三八年八月八日

长虹

综合各方史料，现在我们可以将高长虹于1931年末离开日本后，在欧洲的足迹进行一个粗线条的梳理：

1932年：春季来到柏林，住在一间狭小的房间里，每月最低的生活费由一位做小生意的华侨捐赠。几乎每天都到普鲁士邦大图书馆翻阅书籍。当年曾到瑞士找在那里读大学的阎宗临（曾是狂飙社的“小伙计”，多次受到长虹的资助）资助他治病。

1933年：3月30日，从柏林给张申府写信，主张在日本进袭热河正急的情况下“民自为战”。当年又来到巴黎，住在拉丁区一个没有火的小旅馆里，“盖着报纸过夜，吃山药蛋充饥”，生活上饥寒交迫。

1934年：在荷兰创办救国会，编印《救国周报》探讨抗日问题。当年写作《变戏法歌》，说自己的戏法“能使中国变强国”。

1935年：1月在巴黎创刊《中国人民报》，提倡民族总动员。2月在巴黎作《途中之歌》称自己的祖国已被“鲜血画成了猩红地图”。这年春天在巴黎写作长篇小说《中国》。夏秋在旅行瑞士、德国期间写《行动，科学与艺术》，论述中国的民族意识形态和国防政策。当年负责旅法救国会工作。

1936年：9月在巴黎加入“全欧华侨抗日救国联合会”，与胡秋原、朱伯奇、程思远等人为宣传部成员。继续写作《中国》，每写完一章，就有人译成英、意、德、西班牙文在报纸上发表。曾一度赴荷兰宣传抗日，被荷兰政府驱逐出境。后又到瑞士，依靠刚得到的每年1000元官费维持生活和写作。当年还在巴黎写作《和平阵线》，呼吁大家在战争来临时联合起来。

1937年：3月在巴黎写诗作《欲归不得，俚歌解闷》，反映了作者急于回到祖国的心情。

1938年：1月作《时代的全面》，号召大家团结起来，一致对付日本帝国主义。6月，长虹到达香港时，遇到潘汉年、茅盾。7月，经潘汉年介绍，长虹前往武汉，加入“中华全国文艺界抗敌协会”。9、

1933 年，高长虹到巴黎，住在拉丁区一个没有火的小旅馆，“盖着报纸过夜，吃山药蛋充饥”，生活上饥寒交迫。

1934 年，高长虹在荷兰创办救国会，编印《救国周报》，探讨抗日问题。

〇伯尔尼万年钟

1935年夏秋，高长虹在旅行瑞士、德国期间，开始写《行动、科学与艺术》一书，分上下两部，上部论中国的民族意识形态，下部为国防政策。

和平阵线

和平破了
大家快起来。
要救和平，
最晚从现在。

地球切不开，
和平相连带。
全世界的防线：
莱茵和 Kobe。

战争穿着便衣。
行过黄海，红海，
惊动了欧罗巴：

“和平危殆！”

救救和平，
和平危殆！
五年前在中国，
战争已到来。

中国不愿，
永住和平外。
要建立和平阵线，
最晚从现在。

长　虹
一九三六年作于巴黎

10月间以“长虹出版社”名义出版《政治的新生》。10月随“文协”迁往重庆。

高长虹出国游学，最初的愿望是开阔眼界，寻找真理，潜心学问，但随着九一八事变的爆发，他的命运就自觉地与祖国的抗日救国运动联系在了一起。从1934年起，他先后创立了荷兰的救国会和巴黎的《中国人民报》，还是旅法救国会的负责人和“全欧华侨抗日救国联合会”的首批成员。因此可以说，高长虹不仅是一位杰出的爱国人士，而且是旅欧华侨中开展抗日救国运动的先驱者。

○《高长虹》水粉画　作者：薛连生

高长虹有着强烈的开放意识。20 世纪 30 年代初，赴日研究俄国“十月革命”，九一八事变后，离日赴欧，先在德国研究马克思主义，随后又在荷兰、法国组织华侨开展抗日救国宣传活动，编辑出版抗日报刊，积极支持巴比赛组织的国际反战大同盟。1937 年抗战爆发，高长虹深知这是一场残酷的战争，也是一场艰苦的战争，很快取得胜利是不可能的，他觉得“远水不能解近渴”，决定回国参加抗战。1938 年，高长虹经意大利、英国，回到香港，结束了他八年半之久的海外生涯。

我与高长虹

张磐石

产党人）在文革期间还向红卫兵讲述并要当年参与其事的我证明：李曾让一批“共产党人”（后来都是，当时还不都是）在他主编的报刊上发表革命文艺和革命理论如唯物论辩证法等。这就是说，随着革命形势的发展，至少在太原，狂飙社名义的活动已不限于原来的内容，人们甚至不知道狂飙社本原面目的活动了，高长虹的下落也难听到了。我现在想来：形势发展了，人们要前进了，这就是狂飙社“衰落”的主要原因；说狂飙的衰落是由于长虹同鲁迅争论，怕不是主要的，甚至不是重要的影响。

1931年我由太原返回东京时，出乎意外的接到朋友转来长虹给我的信，说他已来到东京，要见我。我当即到浅草区一公寓看望了他，这可能是张稼夫同志说的他结束了上海的摊子以后到东京的，那时我看他的精神很好，不仅未有人们传说的他潦倒或颓丧的表现，而且仍然追求进步，孜孜不倦，奋斗不息，衣饰还是西装革履，相当整洁，只是生活很清苦。我问他上海左联的情形时，他说好，他赞成，没有说他为什么没参加。最初，我发现书案上有已经编出的一部分字典，字迹很工整，也有从上野图书馆辞典字典中摘录的零星卡片。还见他桌上有郭任远著的介绍行为主义的书（书名记不得了）。他告我：他经常早饭后即到上野图书馆阅读列宁关于唯物辩证法的著作和苏联文学、苏联革命建设的书，晚上才回寓，女服务员说他有时回来的很晚，有时误了吃

—39—

饭。我住在大岗山，我们相距甚远，但约有半年时间我们过从甚密，他有时要请我去看苏联电影和讲一些日本左翼文坛的情况，给他译述一些瓦尔加编的“世界经济年报”（当时正是世界经济危机）、苏联五年计划进行情况等。给我影响深的一次谈话中他说列宁同高尔基在政治上有不少严重的争辩，但在文学上意见很和谐，这对我后来从事文化工作颇有启发。他的生活很困难，据女服务员说他已欠了公寓很多钱，老板知他是位学者，一直未硬逼他清账，就这样他还说，他想同日本左翼文坛的藏原惟人秋田丙崔等接触一下，再到德国去（当时我也不安于日本，已约好随王炳南同志等去德国）研究马克思和社会主义革命。我当时也很穷，生活几乎难以为济。和我同住的好友王大奇君（山西沁县人，学工的）帮了他旅费。没有多久，“九·一八”事件爆发，我被日本警察所逼匆促归国了，没有来得及向他告别。

抗日战争和解放战争期间我在太行解放区工作，从延安来前方的文艺界老同志，对长虹在欧洲、抗战期间在重庆、阎锡山的二战区、延安以及路过晋绥到东北，都有一些传说，譬如说他个性孤僻、高傲，甚至有点精神失常等，我都是可以理解的。只有后来看到前述高沐鸿在《汾水》1980年第12期曹平安写的访问记中说的有两点想说说我的意见：一是说：长虹不愿留在晋绥是因为和张稼夫“政治见解不同”，这不一定对，日本投降后延安多人想去东北，长虹以前同我闲谈过，哈尔滨这个城市很有意思，接近苏联，有许多白俄和日本人，那时东北正在为共产党解放，同延安、晋绥等同样为共产党领

听了一些不理解长虹的

计柯仲平领导下工作，

旧社会你和我平等或为

—40—

关于长虹在国外的资料二则

其　一

狂飙的国际进出①

长虹在地球上行动，火力场的火力！

狂飙在过去曾是一个文化战线上的集团，近两年来，似已销声匿迹，从前爱好狂飙的人，时在怀念，记者前于朋辈闲谈中得悉他们近况，亟需笔录记，藉慰悬望狂飙的读者。缘自1928年狂飙出版部因经济困难停办后，长虹即北去，留沪者仅仲平、高歌等。不久后，狂飙演剧部亦相继终止，而长虹则去日矣。至1930年春，书店中忽出现仲平所著诗集《风火山》，于是仍知仲平、高歌、尚钺等有“火力场”的组合，但迄今未见有其它出版物。长虹留日已两载，并改“虹”为“红”，或即系表示由诗而入行动也。最近长虹的工作是：一、建立行动学，二、由比较语言学进而草创新国际语。一位曾住武汉八年的意大利人，在意报上称长虹为东方唯一诗人；东京某日国际作家举行谈话会，一俄人朗诵《草书纪年》一篇，某老哲学家跳起狂呼道：“Genius!　Genius!”《草书纪年》已译有日、俄、国际语三种文字云。

①本文摘自1931年3月30日《文艺新闻》第3号。

—107—

其　二

五元日金生活一日

长虹在困窘中之苦斗①

三号本报曾略谈狂飙及长虹的消息。最近长虹又有信致国内友人，道及他的生活，其中说：“……生活，不以为苦。但工作不能跃进，……我一向怕听文学家们泛滥的言词，因为骨子里是空的。不通讯，也是为避免接受他们虚张的感情。……一时不预备回，行日食五元主义已十日，成绩尚好，但常有绝食之虞。此处有子生三十余人，拟集百金赠我，因个人生活，不愿受助，谢却。但上海凡曾受助，或对我不无未尽，而对我工作有任何协力者，实久已在望，……”

散见于各种文章中的长虹出国经历。

○程思远

程思远（1908—2005），无党派爱国人士，中国共产党的亲密朋友，曾任第八、九届全国人大常委会副委员长，第七届全国政协副主席。程思远先生说：“高长虹先生是本世纪20年代到40年代蜚声文坛的现代作家，他的杂文激情洋溢，可与周作人、邵力子等视齐观……我认识高长虹先生是1936年在巴黎，时年9月20日，全欧华侨和留欧学生共同发起成立一个‘全欧华侨抗日救国联合会’，该会设立宣传部，其成员为胡秋原、朱伯奇、高长虹、熊式一、王礼锡等，我本人亦叨陪末座。就这样，我同他有一度共事之缘。……高长虹先生是一个爱国主义者，也是一个社会主义者，所以他回国后就到延安去了。”

GAU TCHANG-HUNG

MINEURS CHINOIS

MONDE

GAU TCHANG-HUNG

MINEURS CHINOIS

(Suite et fin)

MONDE

《新文学史料》杂志

高长虹小说《中国矿工》的法译连载（巴黎《世界》周刊1934年2月两期，法国国家图书馆收藏）。

Numéro 183　　15 Mars 1938

EUROPE

Revue mensuelle

LE SYMBOLISME DANS LA PEINTURE CHINOISE　417

montre plus naïf que ne l'eût probablement voulu Moravia ; mais il est désespérément lucide : un dur témoin de lui-même.

DOMINIQUE BRAGA.

★

CHRONIQUE ARTISTIQUE

LE SYMBOLISME DANS LA PEINTURE CHINOISE.

Sans doute, la peinture chinoise est symboliste, surtout la peinture de paysage. Mais, quel est au juste le sens de son symbolisme, c'est là la question principale.

Le « Paysage » s'appelle en chinois « montagnes et fleuves ». Les Chinois ont toujours considéré « montagnes et fleuves » comme un surnom équivalent du pouvoir politique et de la terre. Fleuves et montagnes ne sont que des paysages, appelés parfois dans la langue chinoise avec plus de clarté « montagnes bleues et fleuves verts ». Cependant, outre le sens d'un équivalent pour la terre et le pouvoir politique, « montagnes bleues et fleuves verts » comportent la notion de la grande prospérité de l'univers, de la paix générale. Cette notion n'a rien à faire avec le pacifisme, soi-disant traditionnel en Chine. La grande paix universelle n'est point la paix morne d'un cimetière, la paix sous les bottes d'une domination étrangère. Elle est le redressement de l'ordre après qu'a été chassé le désordre des ennemis, elle est la paix d'un ciel limpide derrière des nuages et brumes dissipés. Ainsi les paysages, tout en représentant des montagnes réelles et de véritables fleuves, symbolisent aussi le sol natal, le pouvoir et la paix.

Les premiers paysagistes chinois célèbres furent Li Sseu-hiun (651-716) et Li Tchao-tao (ca. 670-730), appelés respectivement l'aîné et le cadet des généraux Li. Ils peignirent tous les deux des paysages fameux, mais c'est surtout de Li l'aîné que les œuvres, entre autres *Les Paysages de Kia-ling*, furent particulièrement appréciées par l'empereur Ming-Houan des T'ang. Ce protecteur des arts estima, plus que leur qualité réaliste, leur valeur symbolique. Ces œuvres satisfaisaient non seulement la disposition de bonne ou de mauvaise humeur de l'empereur, elles étaient capables de compenser sa souffrance à voir son empire morcelé. Si on relit les vers de

EUROPE, XLVI, n° 183　　15

EUROPE

REVUE MENSUELLE

17e année　　N° 194

LOUIS PARROT

Les Ombres de Fontainebleau. 145

A. M. PETITJEAN

248　　EUROPE

un roman ayant pour cadre la terre française, et il a déjà écrit sur la Corse des pages de rare beauté, dans son volume de voyages *Pequenos Mundos, Velhas Civilizações*.

Un écrivain fécond, essayiste, critique d'art. et par surcroît, savant renommé et peintre remarquable, Abel Salazar, vient de publier un livre où il a réuni les impressions de sa dernière visite à Paris. Le prosateur et poète, Victorino Nemesio, après avoir séjourné à Montpellier comme professeur de langue et littérature portugaise à l'Université, a publié, à Paris, un volume de poèmes composés directement en français *La Voyelle promise*. Directeur de la *Revista de Portugal* — où collaborent des écrivains français, comme Jean Cassou — Victorino Nemesio a publié, tout dernièrement, une étude sur l'influence des romantiques français au Portugal, dont il a fait la thèse de son concours à la chaire de littérature moderne de la Faculté de Lettres de Lisbonne.

En lisant les revues culturelles portugaises, on trouve, toujours, des essais sur les idées, l'art ou les écrivains de France. Dans la *Revista de Portugal* le poète et essayiste Casaies Monteiro a publié, récemment, une étude sur la poésie de Jules Supervielle, parue après en volume. La revue *Seara Nova*, órgane du groupe intellectuel du même nom, vient de publier un bel essai, de Agostinho da Silva, sur Zola.

La France est partout présente dans les lettres portugaises, et c'est là le trait profond de la littérature au Portugal. Il ne faut pas croire qu'au Portugal, comme aujourd'hui en Allemagne ou en Italie, on feint de méconnaître le prodigieux rayonnement de la pensée française dans le monde.

★

LETTRE DE CHINE

LA NOUVELLE CULTURE CHINOISE

par TCHANG-HUNG.

DEPUIS qu'il existe une nouvelle culture chinoise, il se trouve toujours en Chine des gens aux idées simplistes qui voudraient déraciner l'ancienne culture et imiter sans réserves la culture européenne, seule condition, pensent-ils, de la naissance d'une culture nouvelle. Soit qu'ils mettent

《新文学史料》杂志

《欧洲》月刊发表的高长虹两篇文章（1937—1938年，法国国家图书馆收藏）。

七

渐行渐远渐无声

1940年5月，日军对重庆狂轰滥炸，到处是浓烟烈火，爆炸声、哭喊声混成一片。面对现实，高长虹在报纸上发表了《战胜空袭》《加强空防》《献机劳军》等一系列文章，他说：“要战胜空袭，只有一个可靠的办法，就是多买飞机。英法打战有美国帮助他们。帮助我们的，也有苏联。”他提出了“献机”的倡议，他认为这是很可采用的办法，他说：“大家从今天起，要下个决心，发个宏愿，把献机运动扩大汇合，成一个五百架飞机运动还不算，还要把他发展成一个补充空军运动，用一千架一千五百架二千架的飞机，在大战起来的时候，飞到前方助战。”他呼吁有钱人“仗义疏财”“换一个新的心来，变成一个新的人”。警告他们“如还只想钱上加钱，发国难财，做出卖良心的事，这是会家亡身丧的”。

高长虹经常为《新蜀报》副刊《蜀道》栏目写文章。他写道："反日，还不算中国人民的荣誉，反法西斯这才是中国人民的荣誉。中国人民的意志，不只是抗战胜利，而且是扑灭世界的法西斯势力。"他认为："人民是最主要的力量，组织人民是最主要的工作。"他大声疾呼："所以在抗战第一、胜利第一以外还要加上一句：团结第一。"

中華民國二十九年九月十一日

新蜀報

中華民國十年二月一日創刊

中華郵局掛號認爲新聞紙類

社址：重慶白象街八十八號

電報掛號 五二八〇號

發行人 [illegible]

今日出版一大張

第六二五六號

丁哲明律師受任[illegible]

四川省立重慶大學體育專修第一屆體育師[illegible]

大江日報

街頭 第一期 長虹主編

發刊辭

中型報紙，在國內還不很發達。有一種錯誤的見解，把中型報紙看做是一種小報。這是很可惜的。歐洲各國的報紙，編輯上最考究的，要數德國。在德國，特別是在柏林出版的報紙，中型的最多。世界著名的大報之一，柏林日報，也是中型的。在國內，特別是戰時，中型報紙實在是該提倡的。

說到副刊，外國的報紙有的很少。小說可以在第一二版發表，詩歌有時候也發表在新聞欄裏。中國報紙設副刊，已成了一種風氣。好處當然也有，這就像一個精神食糧的總站。可惜[illegible]的[illegible]落在報紙篇幅的最後，因[illegible]

腦位置在頭部的後面，因而不[illegible]思想所注意一樣。

大江日報穿起中型的服裝[illegible]不知道怎麼樣，他們聽說我[illegible]餘暇，要請我來編輯這個小小的[illegible]。不答應罷，好像我不接受了[illegible]俗的意見。答應了呢，[illegible]都不免有幾分爲難。幸而梅林[illegible]應了給我幫忙，因此，我除了負[illegible]和撰稿的責任以外，一切編輯[illegible]就都請他來担任了。

名義定了用街頭，老百姓們還[illegible]的真正的柱石，街頭首先應該[illegible]們看的。

青年學生還是社會進步的先鋒[illegible]頭也應該是給他們看的。

街頭的內容，應當有一點文[illegible]有一點科學，一點政治的社會[illegible]和批評，和文化界的消息。[illegible]衆化的標準。

希望文藝界文化界的朋友們，[illegible]姓中間識字的朋友們，青年學[illegible]多幫忙投稿，並常賜寄批評和[illegible]如這報確能夠達到戰地的話，[illegible]望能寄到前綫上同胞們的反應[illegible]

長虹，三二九夜。

高长虹到重庆不久，"文协"委托他担任《大江日报》副刊《街头》的主编。他撰写的《发刊词》简明扼要。他强调报纸是给老百姓看的，"老百姓是社会的真正的柱石"，他把自己的未来跟人民群众紧密联系起来。短短 3 个月，高长虹在《大江日报》发表文章 70 多篇。

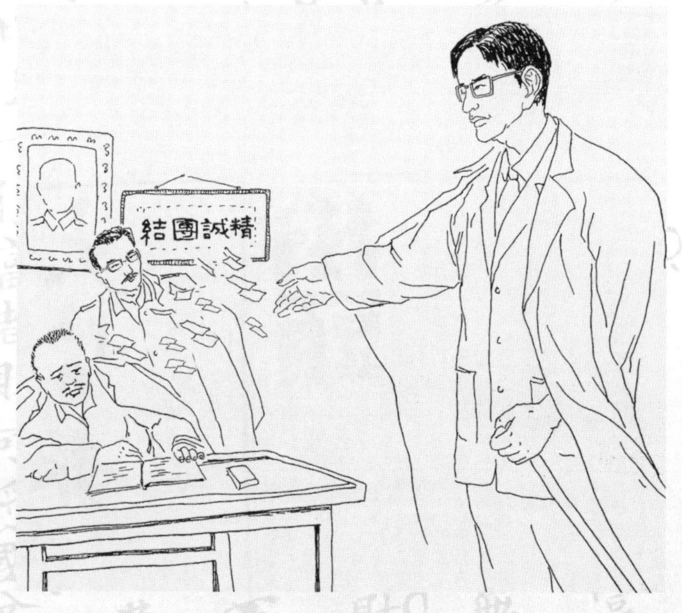

阎锡山很重视笼络知识分子，秉承阎的旨意，想要把高长虹这个山西大才子“挖”到秋林去。屈处长到北碚高长虹住处，把他请到二战区驻重庆办事处，向他“请教抗战方略”，接待高长虹的还有副处长阎树林。屈处长洋洋得意，忘乎所以，掏出一大把钞票说：“阎长官思贤若渴，特别仰慕高先生大名，望先生回二战区与阎先生携手合作，共谋抗战大业，这是给先生准备的500元路费，区区之数，望先生笑纳！”高长虹夺过钱来，向屈处长甩了过去，愤愤地说：“谁稀罕你们这刮地皮钱！”说完，头也不回，冲出屋走了。

高长虹整日为抗日救国而奔波劳碌，身体是疲惫的，而精神却是充实的，老友新朋一扫过去文坛那种拉帮结派、追名逐利的旧习，大家团结互助，一心为打败日军解救中华而奋斗，紧张工作之余，大家凑钱买茶，开个茶话会，朗诵一首新诗，唱一曲抗日战歌，说一个笑话来一点点幽默，委实开心。一次茶话会上，老舍即兴赋诗，诗曰：“大雨冼星海，长虹万籁天，冰莹成舍我，碧野林枫眠。”8位艺术家的名字组合起来，竟成一首天衣无缝的五绝。不能不令茶友们开心、赞叹！

○老舍

○胡风

在1938年成立的“中华全国文艺界抗敌协会”中，老舍担任负责人——总务部主任。“文协”在艰难困苦中顽强坚持7年时间，直到抗日战争取得彻底胜利。老舍以满腔热情和耐心细致的工作，团结各个方面的文艺家，共同致力于推动抗战的文艺活动。1940年1月27日，《蜀道》召开的座谈会上，高长虹和老舍、阳翰笙、陈白尘等26位作家都发了言，呼吁保障作家生活，高长虹和老舍的关系很融洽。

1940年，“文协”和中国文艺社每月联合开一次座谈会，7月的座谈会由高长虹主持，胡风协助。胡风是文协研究部主任，很热心，二人已在“文协”共事二年，但彼此并无深交。这次高长虹在开会前一天住到胡风处说了他在国外时经济如何的拮据，有时因凑不起旅费，不得不躲在轮船的底舱去周游世界……胡风觉得高长虹谈得很实在、很诚恳，也很深刻，尽管他不同意高长虹的某些观点，但他敬佩长虹的坦诚和他超凡的思维能力。

革命女作家曾克，是延安和解放区文学界的重要作家。1940年3月31日，长虹在《蜀道》上发表《新星》一文，就是写曾克的。高长虹曾专门到曾克任教的学校去拜访，他鼓励曾克：“你搞文学有很好的基础，一条是有生活的，写出的东西生活气息很浓，这样的作品我们这些人是很难写出的；一条是你已经具备了相当丰富的创作力，你的描写十分灵活，很是艺术的；再一条就是你很努力。后一条很重要，写文章没有捷径可走，只有两个字：多写，多写，多写，再多写，拼命地写，像咬石头，不怕硬，拼命地咬就咬掉了。”听说曾克打算到前线去，高长虹很激动：“很好，很好！巾帼之举！到了前线，有了战斗生活，你的文章一定会更加出色。今后写了作品就寄给我，我为你找刊物发表。”

○曾克

高长虹从中国历史上数不清的民族劣根性的代表者——石敬瑭、赵构、慈禧、袁世凯的身上，看到了蒋介石的真面目，他写了一部《为什么我们的抗战还不能胜利》的书稿，交给“文协”，但“文协”认为不宜发表。高长虹决心离开重庆尽快将此稿公之于众，让国人认清蒋介石国民党妥协投降的危险性、危害性，以便采取对策。高长虹真正向往的是延安，抗日战争中，延安所表现出来的新气氛和新精神，深深地打动了他，吸引着他。

高长虹一生最追求进步，追求光明，追求真理。他最终选择了马克思主义、社会主义，选择了共产党。1941 年高长虹毅然离开重庆，只身徒步奔赴延安，正式穿上灰制服。他把延安当成自己的家乡，把延安人民当成自己的亲人，决心和边区人民一起战胜日本法西斯，建设新中国。

高长虹到延安也算一件大事，他的名作家身份，他的狂飙社领袖的历史，他与鲁迅的瓜葛，当时文艺界中无人不晓，他的行踪特别地为文艺界所关注。延安把长虹当作自己的朋友，给予热情的欢迎与接待。图为1941年11月延安文化界在文化俱乐部凉亭开会，欢迎狂飙诗人高长虹同志。前排座第一人为高长虹。

延安的革命环境激发了高长虹的创作热情，形成了他回国后的第二个写作高潮。他写了大量的作品，“文史哲无不涉及”，诗歌、杂感、论文、书稿都有。其中经济方面的文章占主要地位。每写完一篇，就亲自送到《解放日报》。然而高长虹的文章写得很多，发表得很少。他就把一些作品寄给晋绥《抗战日报》和重庆的《抗战文艺》发表。

希特勒逃亡

一窩三狗出一獒，
一窩三狼出一豹，
三個法西斯妖怪裡，
希特勒德國最呫呫叫。

牠闖進社會主義的家鄉，
偸吃人類的理想，
把牠趕出去可不難，
不是三個月，是用了三年！

牠現在夾着尾巴跑，
掀起後抓子洒着尿；
牠只顧着跑路，
也忘了先在那裡嗅一嗅。

四四，九，二四。

高长虹的《希特勒逃亡》告诉人们，法西斯已成了丧家之犬：“它现在夹着尾巴跑，掀起后爪子撒着尿，它只顾跑路，也忘了在那里嗅一嗅。”这些诗通俗易懂，完全是遵照毛泽东《在延安文艺座谈会上的讲话》精神，为贯彻民族化、大众化的主张而作。

高长虹的一生，像一只永远在追求光明的飞蛾，哪里有光亮就飞到哪里。由于他的执着与“不合时宜”，有时便难免被自己所追寻的光焰灼伤。正如舒群先生所言：“他向往光明，像灯蛾一样扑向光明，然而却有被烧死的危险。”（见言行《造神的祭品——高长虹冤案探秘》第 170 页）

奔赴延安，是长虹追求的又一个人生目标，同时也是长虹一生中的又一次重大转折。

1941 年 11 月，长虹来到延安的时候，延安各界纪念鲁迅逝世 5 周年的大会刚刚开过，到处还张贴着醒目的标语，毛泽东和其他领导人赞扬鲁迅的讲话正在到处散发和传达。对于“高鲁冲突”，当时在延安的许多领导人和文艺界人士仍记忆犹新，但延安采取了实事求是的态度，并没有歧视他，而是以一个文化名人的身份来对待长虹。长虹被安排到“文协”当驻会作家，住单孔窑洞、吃小灶，跟林默涵、艾青、萧军、周而复等人享受同样的待遇，还为他专门召开了各种欢迎会、座谈会，文艺界几乎所有的活动都要请他参加。媒体的报道也总是将他跟艾青、艾思奇、丁玲等人一起排在最前边。在此期间，周扬还请长虹到“鲁艺”作过一次报告，

○高戈武

高戈武原名阎师善，盂县乌玉村人。曾任中国科学院生物物理研究所副所长。他在《忆长虹同志》一文中写道：“我第一次见长虹，是1941年秋天。那时我在延安鲁迅图书馆工作……我们是亲戚……我的决然走上革命道路很大程度上是受了长虹影响的，就是延安改名时，我也用了他的姓……有没有关于德国法西斯政治经济方面的参考书？……我忽然想起：‘我那儿有一本希特勒的《我的奋斗》，不知你需要不？’他高兴地说：‘需要，需要，太需要了！德国法西斯我亲眼目睹，不得了，他把德国人彻底动员起来，武装到牙齿了，我们必须认真对付的，我要以马克思主义观点研究一下什么是德国法西斯主义！……’”

姚青苗原名姚玉祥，1915年出生于山西临猗，1932年开始发表作品，同年加入“左联”，1938年赴延安“鲁艺”学习。中华人民共和国成立后曾任山西文联副主席，山西大学中文系教授。1941年秋天，高长虹从重庆经西安来到宜川秋林镇，和青苗住在一个窑洞里，朝夕相处，姚青苗说：“高长虹提包内藏着他写的一篇《为什么我们的抗战还未胜利》的草稿，在这篇文章中，他直言不讳地揭露和指斥国民党当权派的腐化堕落，与后方社会的混乱和黑暗……我看过之后深为激动，后来陈楚樵、张季纯、任桂林都看了，当时在梁延武领导下的民革社工作的马皓同志，将草稿拿去油印了许多份，我们让二战区一部分进步同志传阅……”

○姚青苗

○侯唯动

高长虹到延安后，结识了许多新朋友，其中最要好的要算侯唯动。侯唯动是陕西扶风人，上学的时候就崇拜高长虹。在延安与高长虹不期而遇，成为至交。他是宗马雅可夫斯基风格的自由体诗派，高长虹劝他学学民歌体，说这种诗体是最为广大工农兵所接受的，侯唯动很以为然。他很欣赏高长虹的诗并邀高长虹为诗墙报写稿，长虹来者不拒，写了一首《红色十月》：“红色十月是狂飙，封建的山被它吹翻，资本的海被它掀倒。……同志，请你这里看：不是纳粹进攻红色十月，而是红色十月进攻纳粹。”侯唯动提议把它放在头条，即放在艾青、何其芳、贺敬之等名家的诗之上。他请示了艾青，艾青说：“应当，老前辈嘛！”

○艾青

高长虹在中国新诗坛上的地位和他回国后坚持诗歌创作的努力，受到延安诗界的尊重。1941 年 12 月，由艾青、萧三发起成立延安诗会时，长虹应邀出席，并与艾青、艾思奇、柯仲平、萧三、何其芳、天蓝一起，被选入七人理事会。

○冰心

著名女作家冰心在西安主办《黄河》月刊，听说高长虹来到西安，第二天就去拜访了，冰心向高长虹约稿，高长虹写了《论文艺反攻》的论文，接着写了纪念抗战爆发的《七七诗》，临走留一下一篇《青年王进的下落》的小叙事诗，这些都在《黄河》上发表了。

高长虹被邀请到最高学府“鲁艺”作报告。只有丁玲、欧阳山这些学术成就很高的人，有教授身份的著名文学艺术家才有此殊荣。报告会在鲁艺文学院举行,会前贴了海报，由院长周扬陪同并主持会议。他说：“高长虹先生是20年代著名作家，狂飙社领袖。抗战爆发后他从欧洲回国参加抗战,因不满国民党的反动政策，毅然离开重庆，千里迢迢徒步来到延安。今天高先生亲临我院，为大家作报告，让我们以热烈的掌声表示欢迎！”

○周扬

1941年3月，“文协”创办的“星期文艺学园”，帮助文学青年学习文学知识和写作技巧，《狂飙社的历史》被列入选修课讲题之一，由原狂飙社骨干柯仲平主讲。高长虹参加了第二期教学工作，他讲的题目是“我对文学的认识”。

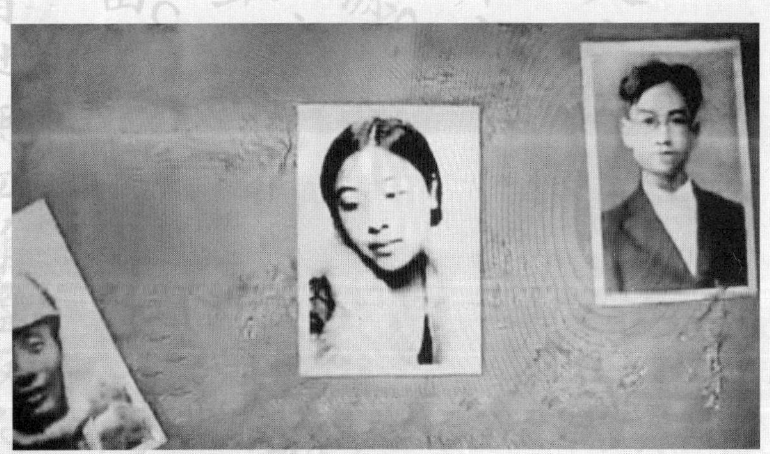

○大型文献纪录片《大鲁艺》片头

1942年3月，陕甘宁边区政府成立文化工作委员会，吴玉章任主任，林伯渠、李鼎铭、徐特立、柯仲平、艾青、丁玲、高长虹、何思敬、艾思奇等27人为委员。并决定由何思敬、艾思奇、高长虹、吴玉章4人参加延安“国际报道社”，进行国际宣传。

结果长虹只对“鲁艺”的学员们讲了一句话：“艺术就是暴动，艺术就是起义！”说罢便起身告辞了，于是有人给他起了个外号叫“高起义”。

半年之后，情形有了很大的变化，各种媒体上高长虹的名字越来越少，几乎消失。

这半年期间，高长虹做过些什么？一是在 1942 年 1 月底，他拒绝了担任边区文协第三次代表大会的筹备委员会副主任，并且说担任筹委会主任的柯仲平“不会工作”。对于这件事，言行（阎继经）有过这样的评价：“辞掉职务，就等于辞掉了党对自己的信任，辞掉了与柯仲平的友谊，也辞掉了群众对自己的良好印象。”

接着便是 1942 年 5 月，高长虹谢绝参加由毛泽东和凯丰共同署名邀请他参加的延安文艺座谈会。据说当时在延安的 100 多位文化界名人，都以能参加这次划时代的著名会议为荣，只有高长虹一人没有应邀参会。在许多人的心目中，长虹的举动不仅不可思议，简直是不识抬举。长虹不愿参加延安文艺座谈会的理由非常单纯，他说他已经以研究经济为主，文艺只是业余爱好，不应算作文艺界人士。可是他却万万没有想到这次“辞请”所带来的严重后果。

从此以后，高长虹的名字就在延安的各种媒体上淡出了。

到达延安后，延安的革命环境再次激发了长虹的创作热情，也在一定程度上改变了他的创作风格，形成了他回国以来继重庆之后的第二个创作高潮期。然而，长虹的文章和作品在延安却很难发表。据《高长虹评传》记载，他在延安的 4 年又 3 个月当中，总共只发表了 15 篇文章，其中在延安的报刊上只发表了 11 篇，其余 4 篇是在重庆和晋绥的报刊上发表的。而这 11 篇文章还有 3 篇是发表在墙报上的。他的文章不好发，据说仍然是“不合时宜”，或“缺乏政治内容”。

延安文艺座谈会之后，全党的整风运动正式开始，之后发展成为“抢救运动”。这次运动使高长虹受到很大刺激。他住的窑洞是最高的一排，居高临下，山下发生的事他都看得清楚。一批批干部被带走……高长虹从不满到反感到愤怒！他曾多次给党中央写信提意见，不仅于事无补，其结果是他本人也差一点被“抢救”。康生诬他是“青年党”，要逮捕他。多亏了张闻天和博古为他开脱，才躲过

毛主席在延安文艺座谈会时与文艺工作者的合影 1942.5

一劫。

从上海《狂飙》时期开始，高长虹就已经将自己的研究目标和方向由文学转向了科学与经济。8年的国外游历和考察，使他在这方面有了一定的积累。看到世界反法西斯战争的胜利前景，他就想写一部关于世界经济发展状况的书，为新中国大规模的经济建设作参考。国外的经历，使他熟悉了德意日这些国家的情况，也熟悉了苏联和英法的基本情况，唯一不了解的国家是美国。于是在1945年8月间，毛泽东与他的一次谈话中，他提出了这个请求：要去美国考察经济。现在看来，这个请求自然不算个大问题，甚至很有些超前意识和全球眼光。但是放在当时的特定环境中，毛泽东和党中央怎么可能让一个带有明显个人主义倾向的文人，去头号资本主义国家考察呢？结果只能是“不欢而散”。

据一些知情人回忆，到延安后，高长虹的脾气和性格已经有了很大的变化，他开始变得沉默寡言，在一些不是原则性的问题上尽量少表态，避免给他人造成不愉快。到了后期，长虹更是郁郁寡欢，经常一个人默默地在山沟里捡骨头，默默地送给老乡当肥料。

1946年2月，年近半百的高长虹离开延安赴东北。他仍然拄着从国外拄到重庆的文明棍，仍然拎着从重庆拎到延安的旧皮包，沿着黄河冲刷成的河谷，迈着因受过伤而有些跛的双腿，孑然孤身缓慢而又坚毅地向北方跋涉着——他的最后一个理想，就是到东北这个老工业基地去组织采矿，为新中国的诞生和建设积累资金。

走过延安，走过绥德，在吴堡过了黄河，便到了晋绥边区。长虹要去看望一下他的老朋友张稼夫。经过离石、临县，长虹终于走到了晋绥边区首脑机关所在地山西兴县。

当时任中共中央晋绥局宣传部长的张稼夫热情地接待了这位多年的至交。张稼夫看着满脸风尘、一身黄土、两鬓斑白的长虹，心里很不是滋味，打定主意要把他留在晋绥工作。可是高长虹没有同意好友为他做的安排，他要为自己最终的理想再奔波奋斗一回。

张稼夫没能劝动长虹，又提议说："这里离你的老家盂县不远了，过路不用绕弯子就能到，你离开家20年了，该回去看看嫂子，看看你那宝贝曙

○张稼夫

在延安，高长虹和张稼夫无话不谈，一次在饭桌上，高长虹脱口而出："中央太右！"张稼夫一愣以为长虹醉了，高长虹说："我没醉，我这是经过多日的思考后的看法。我已经写了书面材料向中央提出来了。"他扼要地向张稼夫叙述了一遍，激动地说："然而，我写的小册子《为什么我们的抗战还不能胜利》，却到处不能发表。重庆'文协'不敢发表情有可原，赵戴文不给发表在意料之中，延安也不能发表，说要顾全大局，这还不是太右吗？"二人争得面红耳赤。最后统一认识：抗日民族统一战线，事关重大，必须慎重从事。

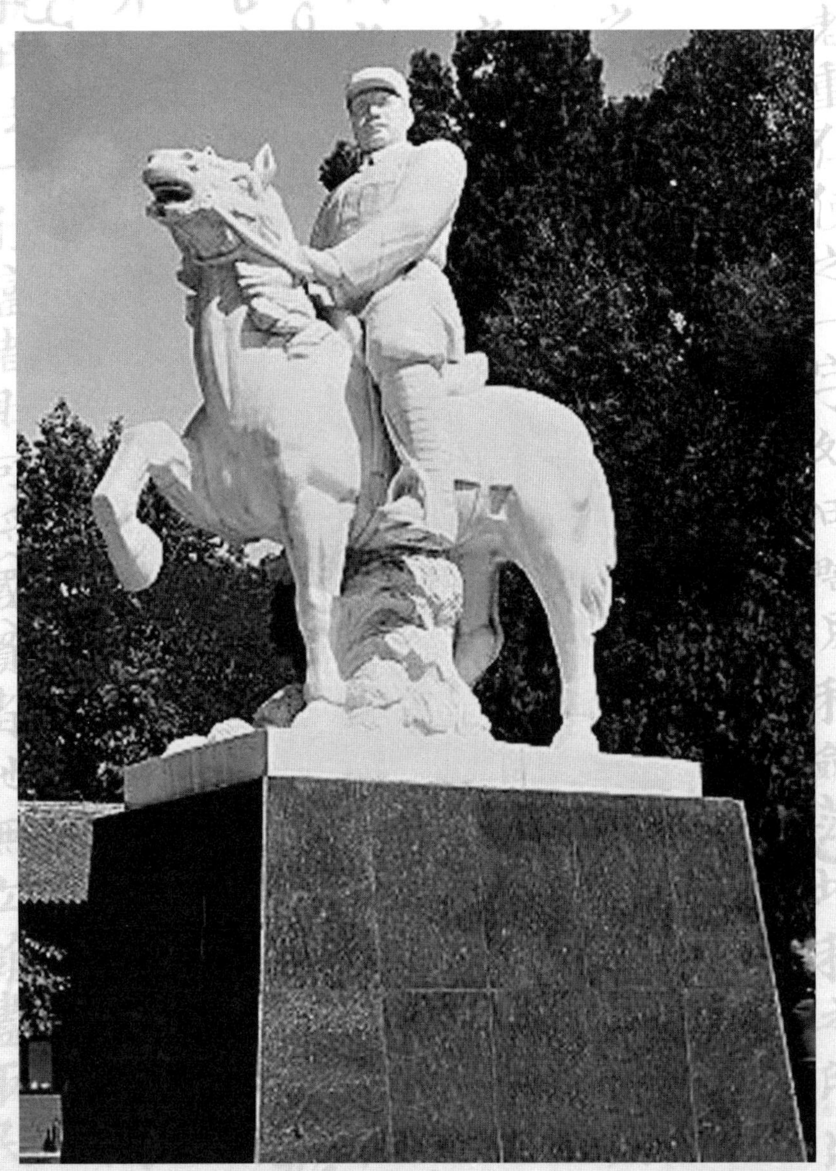

高长虹过黄河，步行两个月，行程近千里。春天到了晋绥边区政府所在地——兴县。他随身只带着陕甘宁边区政府的一纸介绍信，走到哪就吃住在哪里。张稼夫热情地迎接老友，安排住宿，让他休息。高长虹对他说："我打算去采矿，东北是中国的工业基地，恢复和发展东北工业，是关系到整个中国经济建设的战略举措，而发展东北工业首要的任务是筹措资金。采矿是筹措资金的有效办法，我曾研究过采矿的学问。"

儿了。"提到自己的儿子时，高长虹几乎落泪。他知道，20年前最后见儿子时，曙儿才5岁，如今曙儿该是个大小伙子了。在延安的时候，他就托人四处打听儿子的情况，希望他早日参加革命。

尽管儿子是他20多年来心中唯一的牵挂，但是高长虹仍然没有接受朋友的建议回老家看看。深知长虹性格的张稼夫，只好送给长虹一匹快马和一包茶叶，送他上路了。

长虹骑着张稼夫送给他的马，默默地朝着东北方向一路走去。

八

被指定的“疯子”

1946 年夏，高长虹到达晋察冀边区首府张家口，遇到了先期到达的老友艾青、丁玲和康濯等。在这里高长虹出版了他一生中最后一个诗集《延安集》，由“和平野营”印行，短短 10 首诗倾诉了他对延安的全部感情。他用深沉的爱描绘了对延安人民及对苏联人民的爱。也用鄙夷的心情表达了对日军、汉奸和法西斯的恨。

1946年秋日的哈尔滨，秋风肃杀，分外寒冷。经过两个多月的跋涉，长虹随着在张家口汇合的由舒群带队的赴东北工作团一同来到了哈尔滨。他被安排在东北局宣传部后院的宿舍里，与当年狂飙演剧部的老朋友塞克（陈秉钧）为邻，由东北局宣传部文委照管。

安顿好吃住，长虹却发现什么工作也没有给他安排。于是就向分管自己的舒群提出希望能到经济部门工作，最好能去开采金矿的要求。

舒群对长虹还是很了解的，长虹刚到延安时就是由舒群负责接待的。他非常理解和同情长虹的意图，但他只是个东北局宣传部下属的文委副主任，他做不了这个主，必须向上级请示。当时的中共中央东北局宣传部长，就是在延安与毛泽东共同签署请柬，请长虹参加延安文艺座谈会而被拒绝的凯丰。凯丰对舒群说，长虹在延安时，精神就不正常了，他已失掉工作能力，只能养起来。

高长虹当然不知道自己早已是“精神不正常”的人了，就连拿到“底牌”的舒群也大感意外。但是这个“底”，他还不能对长虹讲。于是他给长虹包了饺子，还买来酒，边吃饭边对长虹说：“你还是留在文化部门工作吧，东北‘文协’就要成立了，我已经给你报了名。”舒群还说这是组织上的安排，是为了发挥长虹的特长和知名度。

敏感的高长虹已经意识到自己最后追求的目标就要破灭。他终于明白了，自己现在的一切，都要

延安集

(Ian'an Zi)

長　　虹

(Chang Hung)

高长虹在《延安集·边区是我们家乡》中写道："我们要把身体紧靠着身体，绵羊们遇到了豺狼，我们要像五个指头，结成一个比铁还结实的拳头，战斗是为了团结，团结是为了战争。"在《为自由而斗争》中写道："汉奸出卖了我们的城池，城池外树立起战斗的旗帜，我们还是有四万万人民，是侵略者防备不住的敌人……我们要把敌寇驱赶到天边，并且要在消灭他们之前，还得要先把飞快的刀尖，刺穿汉奸走狗的胸膛。"

我們要的是這樣個社會

渡荒年

1946年秋天，高长虹来到哈尔滨，先期到达东北的舒群，任中共中央东北局宣传部文委副主任，他在宣传部的后院为高长虹安排了住处。高长虹向舒群提出了到经济部门工作，最好是去开采金矿的要求，舒群请示宣传部长凯丰。得到的回答是“他的要求不能满足，要耐心做好解释工作。”

1948 年 11 月 2 日，沈阳解放，东北局由哈尔滨迁沈，高长虹也随之到了沈阳。住在潼关街东北大旅社的二楼（205）房间，享受着供给制县团级干部待遇，吃中灶，衣服全是发的，每月还有津贴。

侯唯动和肖戈去见高长虹，侯问：“长虹老师，听说您有时候爱大喊大叫，又听不懂你说的是什么……”高长虹爽朗地大笑起来，告诉他俩；“我有时用英语朗诵拜伦、雪莱的诗，有时用德语朗诵歌德、海涅的诗，有时也用俄语朗诵普希金、高尔基的诗……我近来特别喜欢朗诵拜伦的《雅典的少女》，它给人的是清纯活力；我还爱朗诵高尔基的《海燕》，它给人的是勇气……”原来这就是人们认为高长虹“疯了”的真相。

从东北局宣传部领导，到旅社的服务人员，都拿高长虹当“疯子”对待。高长虹对自己的处境早有觉察，好在并没有人干预他的日常生活和写作。只要他还有写作的自由，别人爱怎么样就怎么样吧！他牢记着自己说过的一句话：“发了牢骚，还有多少工夫来做实际工作呢？”他没有牢骚，没有怨言，每天不停地写作，准备创制一种新的文字。

听从安排。男儿有泪不轻弹。听着舒群的劝解，长虹却流下了伤心的眼泪……

最后一个希望破灭了，这对长虹无疑是很大的打击。他更加沉默了，不愿见任何人，除了整天关在屋子里苦苦地思索，就是一个人到附近的吉洪桥去散步。或许是搞文学创作曾经给他带来过极大的伤害吧，这时的高长虹已无意于文学创作。而从事自己向往的经济研究已没有可能，于是他又搞起了文字研究——他要编一部字典。这项工作早在1930年赴日本时就已经开始了，那时他就深感中国缺少一部包罗万象的好字典，有心要补上这个空白。这个想法据说还曾得到过赵元任的赞同和支持。虽然当年的一些资料和手稿早已散失，但是长虹知道，眼下能做的不受干扰的事，就只有编字典这一件了。

1948年11月沈阳解放，中共中央东北局由哈尔滨迁到沈阳。高长虹也随之来到了沈阳，被安排住在潼关街东北旅社二楼。这时的长虹，除了自己默默地编字典，已经不再被邀请参加任何活动。

陈漱渝先生在《长虹之死》一文中有这样一段话：“长虹住在旅社二楼的205号房间，一直没有搬动过，在服务人员的印象中，高长虹有文人气质，特别是留一头齐肩的花白头发，更加引人注目。当时住在东北旅社的干部中有三四人有精神病，特别是凯丰的夫人王茜，精神病比较严重，行动有人看管。”

看到全国即将解放的大好形势，沉默了很久的高长虹实在不情愿被组织上养起来，内心又一次激发起想参加工作的强烈愿望。一天，他借着到街上散步的机会，悄悄找到舒群的家，再次向舒群提出了工作的请求。这时的高长虹已没有更多的奢望，只是想让组织给他安排一个工作，无论干什么都可以。他很激动，说着说着又流了泪。

舒群对高长虹找到自己家里来是又惊又喜，但他仍然不能够对长虹吐露真情。只好趁为长虹备饭的机会，给凯丰打电话汇报长虹的情况。不久，东北旅社来了两个工作人员，不由分说将高长虹架起来就走。舒群制止了那两个人的粗暴举动，留长虹吃了饭，又给了他100元钱，才无奈地看着长虹被人带走。

在此期间，远在北京的张恒寿曾接到过长虹寄至阳泉赛鱼又转来的一封信，信中说他想研究老庄的学说，需要一些书。长虹为何突然对老庄学说有

○罗烽

○草明

○刘白羽

○舒群

草明是舒群带队的延安赴东北文艺工作团成员之一，是高长虹的同事，亲自去看望高长虹，高长虹说：“我在编一部字典。这工作我 1936 年出国以后就开始了，可惜没有完成，手稿也丢失了，现在我想把它做完！”此时的高长虹是东北“文协”驻会作家，“文协”活动还邀请他出席，1948 年东北局召开文艺工作座谈会，高长虹就与罗烽、舒群、草明、刘白羽等一道应邀参加了。

了兴趣？昔日的狂飙盟主怎么会变得如此消沉？张恒寿很想立即给长虹回信问个究竟，却发现长虹的来信没有留下自己的具体地址。

高长虹被当成“疯子”对待的另一个见证人是诗人侯唯动。

侯唯动于 1953 年春天开始住在沈阳东北旅社创作一部长诗。每天吃饭时，他都会碰到一位白发苍苍的老人，这位老人头发很长，个头瘦小，走路总是低着头，像一个老太太。一次侯唯动的朋友肖戈悄声问他：“你说那位老人是老头还是老太太？”侯唯动这才仔细去看，竟激动地喊道：

“哎呀！长虹老师！”

见有人走过来与长虹打招呼，突然间冲过来两个工作人员，对长虹大声呵斥：“躲开这儿，躲开这儿！”并上前连推带搡，要把长虹推走。

侯唯动当时已是很有名气的诗人，他被这突如其来的场面激怒了，气冲冲地对工作人员说：“你们知道他是谁吗？他就是高长虹同志，他是延安来的老作家、老革命、老干部！他是我的老师！你们怎么敢这样对待他？”

那两个工作人员悄悄告诉侯唯动：“老头是个疯子，我们负责看管他。”

这时高长虹也一眼认出了侯唯动：“侯唯动！我经常在报刊上读到你的诗。”同时还赞扬了侯唯动的诗歌进步了，面向大众了。侯唯动没有看出高长虹有任何“疯”的迹象。饭后又去保卫科了解高长虹的情况，保卫科一位负责人说，上边打了招呼，这老人是疯子，必须好好看管。侯唯动还听服务人员说，高长虹经常在屋里无缘无故地大喊大叫，叫些什么谁也听不懂。

侯唯动不相信长虹会“疯”，一面托人向上级打听，一面带着肖戈登门拜访高长虹，想亲自解开心中的谜团。

几次登门拜访，侯唯动确信高长虹没有“疯”，他的精神完全正常。长虹跟他的谈话思路清晰，情真意切。长虹还告诉他，眼下正在研究文字，要编写一部字典：“中国的文字太复杂，不科学，我准备创新一种新的文字。”

侯唯动小心地提出人们谁也听不懂的“大喊大叫”的问题。

高长虹听后突然大笑起来：“我是在用外语朗诵诗呢！我有时用英语朗诵拜伦、雪莱的诗，有时用德语朗诵歌德、海涅的诗，有时用俄语朗诵普希金、高尔基的诗……”

侯唯动被长虹这种壮心不已的精神深深地打动了。感叹着说：“您这么大年纪了，还在进行这样浩大的工程。您应该去北京搞研究，那里的资料多，出版也方便。”

长虹无奈地摇了摇头：“我给文联写过信，给科学院也写过信，没有回音。”

当时在北京税务总局工作的狂飙同仁段复生没有忘记高长虹。他曾给即将调任中共中央宣传部工作的张磐石提议，要想办法把高长虹和高歌（当时据说在重庆）调到北京工作。张磐石也在时刻惦记着挚友长虹，便向当时分管文化的中央领导反映了这个意见，但是没有得到肯定的答复。

九

死亡之谜终破解

〇纪录片《狂飙为我从天落》情景再现

1954年暮春，高长虹因脑溢血病故。根据上级指示，由东北旅社负责操办丧事，阎振琦同志为长虹购置了棺木、衣装、鞋帽，按东北风俗下葬，并亲笔书写“高长虹同志之墓”木碑，立在坟前。

沈阳塔湾原高长虹墓地背后的千年舍利塔。

阎振琦、崔运清、李庆祥三位老人，是高长虹在东北旅社生活和逝世时的见证人。据三人共同回忆，高长虹生前居住的东北旅社，原为日本人所建奉天大酒店。沈阳解放后，由东北人民政府交际处管辖，主要接待东北局组织部的调干、出差人员，以及当时属于社会主义阵营和友好国家的外宾。

关于高长虹死亡的时间和原因，半个多世纪以来一直是个无人知晓的谜。

除了诗人侯唯动于1953年在沈阳东北旅社写作时与高长虹相处过一段时间外，过去的研究和纪念文章中，对于高长虹的行踪，曾经追溯到1956年。言行在《历史的沉重》中写道：“这年夏天，汪金丁、孔罗荪、师陀到东北参观，在沈阳作协的饭厅里见到过高长虹。他们正在吃饭，就听罗荪说：‘你们看，那边吃饭的那位是高长虹先生！’大家看过去，就见一位身材矮小，满头银丝的老人，在一个角落里默默地吃饭，吃罢，他低着头，缓缓地走着，走出饭厅，走着他人生未尽的旅程……”

另外还有几种说法。有的说高长虹得了精神病，被送到抚顺精神病院，最后死在了那里；还有的说塔湾太平庄小区。半个世纪前，这里是一个公共墓地，高长虹同志就安葬在这里。高长虹自离开老家后，从不跟妻儿联系，他的墓属于无主坟墓，盖楼时，无人迁葬，目前已荡然无存。

2005年7月，高长虹的孙女高淑萍自费到沈阳寻找祖父下落，找到原东北旅社职工李庆祥，李老明确告诉她：“当时高长虹是东北局的调派干部，住在东北局招待所（东北旅社前身）。他死于突发脑溢血，当时就死在东北旅社。”

○阎振琦和高淑萍

高长虹死于赴苏联的途中……

对于高长虹的下落，他的家人和后辈从来没有停止过探寻，但一直没有找到答案。直到 2005 年 7 月，高长虹的孙女高淑萍又自费来到沈阳，寻觅东北旅社的旧址，但旧址已拆除，新建成了五洲商场，只有一个留守处还有人办公。在这里她终于打听到了一位原东北旅社的职工李庆祥的联系方式。李庆祥后来又找到另两位曾在东北旅社工作的老人崔运清、阎振琦，三人共同回忆，由李庆祥执笔写下一份《高长虹是病死在东北旅社的》材料，即 2006 年 4 月 19 日发表在《阳泉日报·晚报版》上的《高长虹病死在沈阳》。

据三位老人回忆，高长虹住在东北旅社二楼的 250 房间（陈漱渝《长虹之死》称为 205 房间，见《娘子关》2007 年第 3 期）。长虹留给他们的印象是：“中等身材，年龄 60 多岁（见董大中《高鲁冲突·最后的话》第 175 页），留一头几乎齐肩的花白头发，梳理得十分整齐。身穿布料中山装、布鞋，步履稳健，给人们印象既是八路军老干部，又像一位学者。他每天都上街散步，从来不愿与旅社服务员沟通言谈。”

从三位老人的回忆中我们可以了解到，高长虹生活很俭朴，当时享受着供给制县团级干部的待遇，吃中灶（绿色餐券）。

记得 1954 年春季的一天早上，二楼服务员向招待科报告，高长虹房间没开门，人们都以为他在睡早觉。到了九时许，阎振琦见门还没开，赶忙跳到二楼外雨搭上，登高往窗内看，才大吃一惊地发现老人趴在床边地板上。阎设法打开房门，才得知老人已经死亡。于是，老阎立即给东北局组织部打电话，行政科侯科长让阎去作当面汇报，随后组织部派来两名医生一名护士，经检查确认高长虹夜里系突发脑溢血死亡。（见 2006 年 4 月 19 日《阳泉日报·晚报版》B12 版）

高长虹的丧事也是阎振琦根据上级指示具体操办的。他先到沈阳大西街替高长虹选购了一具松木棺材，又买了中山装、前进帽、布底鞋、袜子为他入殓。依东北民俗，闭棺前还在长虹的四肢拴了红头绳，脸上盖了一条二尺长的白布。东北旅社修建组高守成师傅找来一块厚木板，由阎振琦在上面写

据崔运清老人回忆，1948年11月，高长虹来到沈阳，首先住在文化宾馆，12月份才住进东北旅社，一直没有搬动过。

文化·风土　阳泉晚报

2007年12月12日　星期三　责任编辑 田杰　电话:4042075　Email:yqwbthb@163.com

高长虹墓碑有新证

第4版　2006年4月21日　星期五

高长虹病逝在沈阳

崔运清　闫振琦　李庆祥（执笔）

52年前的春天，在沈阳最大的旅馆——东北旅社发生了一件令人震惊的事件。一天早上，服务员发现一位长住的老年客人死在房间，他就是高长虹。

我们当时都在这家旅社的招待科内当职员，对这一事件记忆犹新，可以说是历史的见证人。我们经过反复回忆，现将有关情况记述如下：

（一）

东北旅社不是一般的旅馆，它是"九·一八"事变后，由日本人在1936年建成的"奉天彝餐"（译音，意为奉天大酒店）。1945年抗战胜利后，国民党当局接管，先后名为"中国旅行社沈阳招待所"、"中苏联谊社"。1948年11月，沈阳解放后，它隶属于东北人民政府交际处，改名为"东北旅社"，一直为县团级建制的事业单位，实际是……

了“高长虹同志之墓”七个大字，算是墓碑。据阎老讲，当时沈阳没有石碑可买，一般人去世都用木板立碑。墓地在沈阳塔湾，当年是一片公共墓地。半个世纪以来这个地方历经变迁，现在盖起了一排高楼，地名叫塔湾地区太平庄小区。高长虹自离开老家后，从不跟妻儿联系，所以他的墓属于无主孤坟，无人迁葬，目前自然就荡然无存了(见陈漱渝《长虹之死》)。

关于高长虹去世的确切时间，根据三位老人的回忆和推断，是1954年的晚春。对于有人1956年在辽宁省作协的食堂看见过高长虹的说法，陈漱渝分析可能是误认所致。因为辽宁作协在沈阳大南门张作霖帅府旧址，跟东北旅社不在一个地方，高长虹当年享受的是供给制，津贴费都存在阎振琦处，身上一般没钱，一般情况下是不可能去别的单位吃饭的。

据三位老人的回忆，高长虹当年是调派干部，并且享受吃中灶的县团级待遇。这样看来若能够查找到原中共东北局保存的档案，或许对于我们研究高长虹生平会更有帮助。

真该感谢高长虹的家人和后辈多年来对长虹下落的不懈探访，终于在半个世纪之后寻找到了能够证明长虹下落的见证人；更应感谢沈阳的阎振琦、崔运清、李庆祥三位老人，是他们的回忆为我们揭开了高长虹“不知所终”之谜底，使高长虹这位现代文学史上著名文学社团狂飙社的盟主，曾在20世纪20年代中后期蜚声中国文坛的诗人、作家的死因有了明晰的说法。

十

长虹看鲁迅：中国最负时望者

葉琦兄惠存

紀念七月

著者贈於重慶

自序

一九三四年在荷蘭創辦救國會，編印救國週報，於對日作戰，略有陳述。一九三五年負責旅法救國會工作，一二八紀念日在巴黎創刊中國人民報，對民族總動員，有較具體的意見發表。同年夏秋旅行瑞士德國間，草『行動，科學與藝術』一書，分上下兩部。上部論中國的民族意識形態，下部爲國防政策。後譯人德文，西友見者，不無重視。惟因種種緣故，除一二篇英，德譯文零星發表外，全書終未公佈。時間在歷史的行程中飛行，速於飛機，轉眼間已是一九三八年之七月。此小册子正文，從六月寫起，到八月初止，大半成於七月（發表於香港，廣州，長沙，武漢的幾種報紙）。爲紀念七月，名之爲政治的新生。

一九三八年八月八日，長虹。

附錄一，途中之歌，錄其足資記憶者。附錄二，爲有關文藝，文化問題的近作零星文字。集中野營之歌，係聞德友 Witroge1被捕時所作，後以德法譯發表。德譯出於友人 Anna

长虹出版社1938年版

这篇序文告诉我们：早在1934年，高长虹就把主要经历用在抗日运动中了，在荷兰创办了“救国会”，编印《救国周报》；1935年负责旅法救国会工作并创刊了《中国人民报》，他是主要决策人和领导人，仅仅说高长虹是位爱国者，是不够的，实际上他是一位杰出的甚至伟大的爱国主义者。

一直以来，在人们的印象中，高长虹对于鲁迅，只有攻击与谩骂，是反鲁迅的“急先锋”。而事实上，在20世纪20年代，对鲁迅作出最全面、最崇高评价的，只有高长虹。当时高长虹对鲁迅的评价，与十几年后毛泽东对鲁迅的评价几乎是“不谋而合”。

我们应该也必须承认，在“高鲁冲突”时期，高长虹对鲁迅的攻击和诋毁是非常厉害的，其负面影响也是相当严重的，对此我们另作分析与评论。可是当我们认真研究“高鲁冲突”发生前后，高长虹关于鲁迅的所有文字后，可以得出的结论是：在批评上一贯主张多“攻击”而少赞美的高长虹，对鲁迅的总体评价是非常高的，也是十分真诚的。

长虹早在《中国与文学》一文中，就已看到了《阿Q正传》的真正价值，并且讽刺了一般读者对《阿Q正传》的粗浅认识。1926年9月，在冲突发生之前，长虹在《今昔》中对当时北京思想界作了一番扫描。其中说道：“我于中国负时望者之文字，最喜欢看者，只吴稚晖、鲁迅两人。岂明（周作人）时有善言，故亦有时喜欢看。”当时的周作人在文学界的名声不在鲁迅之下，但在长虹眼中，只是“亦有时喜欢看”。而吴稚晖在大多数人的评价中，多以写政论为主，一向不算在文学圈内。如果除去吴稚晖，在长虹心中就只有鲁迅是第一人了。

“七七事变”震惊世界。中华民族的生死存亡，揪扯着高长虹的心，高长虹预感到，中国的抗日战争，不仅是一场残酷的战争，也将是一场长期的、艰苦的战争，很快取得胜利是不现实的，他觉得“救联”工作重要，但终是“远水不解近渴”，他决定直接回国参加救亡工作，他甚至想亲自杀上抗日前线，和日军面对面地厮杀一番。

高长虹来到武汉，按潘汉年写的地址，找到了“文协”驻地。他见到了许多老友新朋，有狂飙社的欧阳三、马彦祥、沈樱，有旅欧“侨抗联”同事胡秋原，有早已结识的郁达夫、田汉、赵铭彝，新结识的老舍、艾青等，他当了驻会作家。

高长虹对抗日战争的认识

高长虹以政治家的远见卓识研究抗战的形势，探究抗战的策略，他认为：“中国人民对于对日作战，已有必胜之念，这是非常可喜的事。对日作战是一件震动世界的大事。其所给予世界之影响几何？——对日作战，是革命，是革命的战争，其所以异于一般的战争者，因革命的战争是为保卫和平的。”

“世界的革命民众，保卫和平的人民，都同情中国，称赞中国，为中国作广大宣传。”

“……使士兵成为武装的民众，民众成为后备的士兵，士兵在战场里执行民众的意志，民众在后方给士兵以物质上的给养，士兵保护民众，民众鼓励士兵，直到士兵和民众集体地发挥出抗敌救亡的战略上的作用。”

“士兵间的不贰的结合，民众间的不贰结合，士兵和民众间的不贰结合，才是最重要的防御工程，而为近代武器不能撼动的万里长城。”

高长虹认为：只有“推动并改造政治机构而加强抗战的军事实力”，才能“完成革命的天赋使命”。他认为：为时代所要求的领袖人物很多，抗战迫切地需要他们，如“在军事上曾建功立勋的十九路军将领，在外交上曾有所树立的陈友仁、宋庆龄、何香凝”“新兴的政治人才如陈绍禹，眼光远大的毛泽东等……”

國民公報　中華民國二十九年八月二十五日

星期增刊

一點回憶
—關於魯迅和我—
（一）
長虹

1940年7月26日，高长虹在北碚写完《一点回忆——关于鲁迅和我》，发表于8月25日、9月1日《国民公报·星期增刊》。高长虹说：“关于我和鲁迅，还不免有一种传说留在人们的记忆里，甚至于去年的新加坡报纸上，还有人把以讹传讹的风闻当事实讲，说我是鲁迅的什么敌人，1930年后在上海重归于好。1930年我已离开中国，这种事实的反证比什么都更有力量。其实我和鲁迅在《莽原》时期是很好的朋友。《狂飙》周刊在上海出版以后，有过一番争执，不过以后我们就把它忘记了，1930年以后，他的光明行动，我在国外也时常为此激赏，庆幸。除此以外，人造的谣言都是没有（来）处的。”

1938 年 3 月 27 日，“中华全国文艺界抗敌协会”成立于武汉，会议选出郭沫若、茅盾、冯玉祥为理事，周恩来为名誉理事，老舍主持日常工作，“文协”成立标志着文艺界抗日民族统一战线最终形成。这年 8 月，经潘汉年的介绍，高长虹在武汉参加了“文协”并发表了《国防科学》《中国文化的行动成分——从战时文化的发展到国防文化的建立》等重要文章，并在文中介绍了毛泽东的《论持久战》：“本来前中国红军作战，除政治作用外，特别以战略战术见长，而武装则不但不很精致，有时甚至不很完备，但把前红军作战的战略发扬光大，用之于对日作战，写成一本比较完整，有系统的著作，则自这书始，凡关于对日作战战略上的主要问题这书里边都有答案，而且十分正确。一年来在华北狂飙突起的游击运动，可以说就是这书在事实上的具体的写照。”

在《艺术与时代》里，高长虹最早将鲁迅的《呐喊》提到跟《离骚》相同的高度。同时在《艺术批评与艺术》中又对鲁迅主编的《莽原》周刊给予高度评价。当时成仿吾对鲁迅作品评价不高，长虹一方面赞同成仿吾的批评精神，一方面又直言不讳地指出其观点的“陈腐”。

《革革革命及其他》是长虹批评郭沫若的文章。文中指出“中国人的思想大抵浅薄”的同时，却对鲁迅给予极高评价：“鲁迅是一个深刻的思想家，同时代的人没有能及得上他的。”

在《写给〈彷徨〉》中，高长虹不点名地批评了成仿吾，同时也批评了“鲁迅是一个生活的旁观者”的说法。在他看来，“在去年的一年间，鲁迅显然是一个战士了，彷徨的分子似乎已减少，而光明加多了。”长虹不仅在一个“明暗之间的彷徨者”鲁迅身上看到了光明，而且从“荷戟独彷徨”的鲁迅身上看到了战士的本色。

十几年后，即 1940 年 1 月，毛泽东写出著名的《新民主主义论》。这篇文章对鲁迅作出了最权威，也是最崇高的“盖棺论定”：“……而鲁迅，就是这个文化新军的最伟大和最英勇的旗手。鲁迅是中

○茅盾

高长虹的第一首诗《红叶》，是在茅盾办的《小说月报》上发表的，同一期上还发表了他致茅盾的信。高长虹回到香港时拜访了当时在香港编辑《文艺阵地》的茅盾。茅盾很赏识高长虹，如好友久别重逢。茅盾说：“鲁迅逝世三周年纪念日快到了，《文艺阵地》准备出版一个纪念专号……你是深知鲁迅的，你写一篇批评鲁迅的文字，也许要客观一些。”高长虹说：“纪念鲁迅的文章我是一定要写的。”

国文化革命的主将，他不但是伟大的文学家，而且是伟大的思想家和伟大的革命家。……鲁迅的方向，就是中华民族新文化的方向。”

我们将毛泽东与高长虹对鲁迅的评价进行一番梳理和比较：长虹说鲁迅是中国文学界他“最喜欢看”的“负时望者”，可与屈原相提并论——毛泽东称鲁迅为“最伟大的文学家”；长虹称鲁迅是同时代人没有能及得上的一个“深刻的思想家”——毛泽东称鲁迅为“伟大的思想家”；长虹说鲁迅“显然是一个战士了”——毛泽东称鲁迅为“伟大的革命家”。

对鲁迅文学成就的评价，在长虹之前，从茅盾到胡适再到其他文化名人，都没有长虹的高度。至于将鲁迅当作思想家和革命家对待，更是“前无古人”。

高长虹批评观的核心，是该攻击就攻击，该赞美就赞美，不以私怨论是非。这一点在1926年10月17日《狂飙》周刊第二期上以“通讯”为总题发表给鲁迅和给韦素园两封信的同时，刊登对未名社大唱赞歌的《未名社的翻译，广告及其他》这件事上体现得最充分。前者批评未名社的韦素园于莽

○潘汉年

潘汉年（1906—1977），是高长虹的挚友。1938年6月，长虹到达香港，躺在街头呼呼入睡，潘汉年看见了说：“这不是高长虹吗？这个山西佬怎么睡在这里！”并叫醒了他，为他安排了住处。高长虹急于回内地，潘汉年写了一封信，介绍高长虹去武汉找文艺界的朋友，加入了“文协”。

原内部党同伐异，“几欲据为私有”，后者则对以安徽作家群为主的未名社的翻译和广告大加赞扬，认为“未名社的翻译对于中国时代是有重大意义的，与时流的翻译决不一样”，“普通的批评看去像广告，这里的广告却像是批评”。

就在两封信公开发表以后，高长虹在《批评工作的开始》中还说他准备深入批评——在长虹的笔下，“批评”是个中性词，有时就是赞美——鲁迅的《呐喊》《彷徨》和《野草》，这说明，直到退稿事件发生以后，长虹对鲁迅作品赞美的态度仍没有改变。

长虹对鲁迅的散文诗集《野草》是十分欣赏和推崇的。在《时间的过客》（1927 年 1 月 28 日作）里，他把《野草》跟屈原的《离骚》相比较。在为柯仲平的长诗《海夜歌声》所作的后记（1928 年 3 月 3 日）中认为“这十年中最有价值的作品是《女神》与《野草》”。

高长虹说鲁迅是“深刻的思想家”，是“思想界先驱者”，而韦素园说鲁迅是“思想界之权威者”。明眼人一看就明白，前者为中肯的评价，后者则是“以权威献人”的溜须拍马。“先驱者”是走在前边的领路人，与毛泽东所说的“旗手”意思是相同的，而“以权威献人”，则完全背离了五四精神。

说到长虹对鲁迅的总体看法与评价，不能不提到鲁迅逝世 4 年之后，高长虹应茅盾之约而写的，于 1940 年 8 月 25 日、9 月 1 日发表在重庆《国民公报·星期增刊》上的《一点回忆——关于鲁迅和我》。这篇万言长文较为全面地回忆了他与鲁迅的交往过程，以及从亲近到疏远直至反目的情形，读来真实可信。

这篇文章除了对鲁迅的作品给予中肯的评价外，对鲁迅的杂文也给予了高度评价：“但是也有人想用杂感写得太多做事实来动摇鲁迅的艺术家的地位，这是没有用处的。一个大作家的杂感文字，时常是有价值的。而在鲁迅杂感文字是被他用做主要的武器而来完成他的斗争目的的。他写的创作越少，他的杂感含有的创作性也越多。因重视鲁迅而重视他的杂感是可以的，因杂感而低估鲁迅的价值，就不可以了。”

此文中长虹还写道：“无论什么时候，都不能找到一种证据，说鲁迅对作品缺乏认识力。甚至因为偶然的疏忽错误认识了任何作品。当他偏袒某人的时候，他仍然知道那个人的作品有什么缺点，当他痛恨某人的时候，他其实对于那人的作品的价值完全领会。”这段话既是对鲁迅为人为文的评价，我们也可以从中看出长虹为人为文的特点，那就是不趋炎附势，不随波逐流，好处说好，坏处说坏。

长虹的这一品格，在写这篇文章时表现得尤为突出。要知道，他写这篇文章的几个月前，毛泽东已写出为鲁迅盖棺论定的《新民主主义论》，鲁迅已成为中国文化界的又一个“圣人”，而长虹对于鲁迅仍然是该怎么说就怎么说，不回避，也不溢美。

十一

鲁迅看长虹：《莽原》奔走最力者

○鲁迅

鲁迅在《〈中国新文学大系〉小说二集序》中写道："1925 年 10 月间，北京突然有莽原社出现，这其实不过是不满于《京报副刊》编辑者的一群，另设《莽原》周刊，却仍附《京报》发行，聊以快慰的团体。奔走最力者为高长虹……所谓'狂飙'运动，那草案其实是早藏在长虹的衣袋里面的，常要乘机而出，先就印过几期周刊；那《宣言》又曾在 1925 年 3 月间的《京报副刊》上发表，但尚未以'超人'自命，还带着并不满意的声音。"鲁迅的上述评价是公正的，态度是中肯的。

鲁迅临终前，在《死》这篇文章中说过这样的话："我的怨敌可谓多矣，倘有新式的人问起我来，怎么回答呢？我想了想，决定的是：让他们怨恨去，我也一个都不宽恕。"鲁迅对于他的论敌，真的是一个都不宽恕吗？其实未必。董大中先生经过分析，就认为鲁迅先生临终前还是宽恕了高长虹，并且说这是一个特例。

鲁迅是否真的宽恕了高长虹，我以为并不重要。重要的是要看一看鲁迅是否对高长虹作过理性、客观的评价。对此进行分析研究，就要将眼界和"过程"都放宽一些，不应仅仅纠缠于"高鲁冲突"时期。因为我们都知道，这场冲突的前因后果是非常复杂的，有"莽原社"内部的派系之争，有高鲁之间的相互误解，有他人有意的挑拨离间，还有所谓的"恋爱纠纷"，等等。当时的高长虹年轻气盛，在论战中使用了一些过激甚至是诋毁和诅咒的言词，对鲁迅先生造成的伤害是可想而知的。因此我以为，在个人感情上，要鲁迅完全宽恕高长虹是不大可能的。

鲁迅没有，也不可能专门写一篇文章来评论高长虹，但鲁迅毕竟是一位对自己负责，也对读者负责的文学家和思想家。正如长虹在《一点回忆——关于鲁迅和我》中说过的："无论在什么时候，都不能找到一种证据，说鲁迅对作品缺乏认识力。甚至因为偶然的疏忽错误认识了任何作品。当他偏袒某人的时候，他仍然知道那人的作品有什么缺点，当他痛恨某人的时候他其实对于那人的作品的价值完全领会。"这段话尽管说的是鲁迅对作品的认识力，但同时也可以说，鲁迅先生对人的认识力也是一样的。

董大中先生认为，鲁迅对高长虹的认识，有一个"正、反、合"的过程，并且指出，我们应该以最后的"合"为准，不应该抓住"正"和"反"期间的只言片语给人定性。

1925 年 4 月，许广平在刚刚创办的第一期《莽原》周刊上读到了长虹的《棉袍里的世界》，以为是鲁迅以"长虹"的笔名所作，便来信询问，鲁迅在 4 月 28 日给许广平的回信中第一次谈到了高长虹："长虹确不是我，乃是我今年新认识的，意见也有一部分和我相合，而似是安那其主义者。他很能做文章，但大约因为受了尼采的作品的影响之故罢，常有太晦涩难解处。"几天之后，鲁迅又说高长虹等人"是我所相信的诚实的朋友"。

历史是一个什么东西啊？我很苦闷，我如何能够把那些所有关于我的历史都一并带了去呢？那不是造谣式的诼伤，而是根据了我的事实去侮辱我，我诅咒这些事实！那些述说我的历史的，他们没有两个人有相同的记载，而且他们没有过一个人所述说的是没了错误的。我死去了，而让我的历史活着：我的真的历史同我一并死去了，而让别人所装演的我的历史永存于我的死后。

高长虹

1928 年 10 月 13 日

《长虹周刊》第 1 期

高鲁交往初期，鲁迅对长虹的评价是“很能做文章”“诚实的朋友”，对《狂飙》也说过“我看是好的。”比较长虹在《1925，北京出版界形势指掌图》中所写“在一个大风的晚上，我带了几份《狂飙》，初次去访鲁迅。这次鲁迅的精神特别奋发，态度特别诚恳，言谈特别坦率，虽思想不同，然使我想象到亚拉籍夫与绥惠略夫会面时的情形之仿佛。”可以说，鲁迅对高长虹，一开始是很赏识并器重的。

冲突发生后，面对长虹咄咄逼人的讨伐，鲁迅由开始的“置之不理”，到后来的奋起反击，其论战的手法是不按常理出牌，其反击用语也是相当凌厉刻薄的，如鲁迅自己所说，很是回敬了长虹几杯“辣酒”。在这种特定的情境下，鲁迅说长虹“白来了一百多回”（鲁迅《奔月》）；说长虹“这一班人，除培良外，都是极坏的骗子”（1927 年 11 月 3 日鲁迅给李霁野的信）等等。单就以上两段话分析，一是讽刺挖苦，与长虹开了一个“玩笑”；一是因误解而与自己最初的印象大相径庭的激愤之语，以此作为鲁迅对长虹的评语，显然是不适当的。

鲁迅对高长虹最中肯的评价，是在冲突发生近 10 年后，鲁迅于 1935 年写的《〈中国新文学大系〉小说二集序》——

1924年12月10日，高长虹到北京阜成门内西三条鲁迅寓所第一次拜访鲁迅。期间有过一段密切合作的时期，即《莽原》时期，长虹不仅是鲁迅家中的常客，参与了筹划《莽原》周刊的“五人吃酒”，而且是《莽原》“奔走最力者”。高长虹说：“我同鲁迅的认识，是在1924年的冬天。在北平分手时，是1926年夏天，最后的一次见面是在上海，时间是1926年的秋天。友谊经历两年之久，最契合的时候，当然要算是1925年同办《莽原》的时候了。不过以后的分裂，还是因为《莽原》而引起的，所以，这种友谊，可以说是以《莽原》始以《莽原》终的。”

我只是一只骆驼，我的快乐只有负重。我的希望只有更大的负重。我不愿走坦道因为这样的一日将要到来：在这坦道上将要为尸首所充塞了。在我则，最安全的只有崎岖的山路。我将披坚执锐，而登彼最高之山巅。

——高长虹

横眉冷对千夫指，
俯首甘为孺子牛。

——鲁迅

1925年10月（应为4月）间，北京突然有莽原社出现，这其实不过是不满于《京报副刊》编辑者的一群，另设《莽原》周刊，却仍附《京报》发行，聊以快慰的团体。奔走最力者为高长虹，中坚的小说作者也还是黄鹏基、尚钺、向培良三个；而鲁迅是被推为编辑的。……

但不久这莽原社内部冲突了，长虹一流，便在上海设立了狂飙社。所谓“狂飙运动”，那草案其实是早藏在长虹的衣袋里面的，常要乘机而出，先就印过几期周刊；那《宣言》，又曾在1925年3月间的《京报副刊》上发表，但尚未以“超人”自命，还带着并不自满的声音。

在这段文字之后，鲁迅又全篇（约600字）引用了长虹写的《本刊宣言》（即人们常说的《狂飙宣言》）。

了解20世纪二三十年代中国文学界状况的人都知道，高长虹并没有任何一篇小说入选《小说二集》，鲁迅也一直没有将高长虹当作小说家来看待。而这篇专门谈小说及小说作者的序文，却大谈高长虹，还不厌其烦地全文引用了高长虹的《本刊宣言》，难道是鲁迅不懂作序的常理？答案当然是不可能的。唯一的解释只能是，鲁迅经过长期认真的反思后，想借这个机会为高长虹说几句公道话。因为在冲突发生之后，鲁迅经过长期的调查和观察，已经意识到他对长虹在冲突中尤其是在“月亮诗”事件中的一些怀疑和指责是有误解甚至是冤情在内的。

从另一个角度看，“高鲁冲突”在与鲁迅有关的一系列论战中，是不具备典型意义的，除“思想界权威”之争还有些思想含量外，这桩公案的前因后果基本上是派系恩怨和个人情感上的误解和纠纷。因此，鲁迅当年在编那一时期的杂文集《华盖集续编》时，除了将《所谓“思想界先驱者”鲁迅启事》收入《续编的续编》这个被他称为“无聊的文字”的栏目中外，他所写的其他几篇反驳高长虹的文章并未收入。后来的《而已集》《集外集》甚至《集外集拾遗》，鲁迅还是没有收入。直到鲁迅逝世后，在后人编辑的《集外集拾遗补编》里，才收入了《〈走到出版界〉的战略》和《新的世故》。这一情况，同样可以说明鲁迅先生对高鲁冲突事件的一个反思和认识的态度。

1928 年 10 月 13 日，《长虹周刊》在上海问世，这是高长虹的个人刊物。写稿、编辑、约画稿、制版、校对、发行，都是高长虹一人承担。每期 2 万字的文字稿，平均 5 幅插图，忙得不可开交。高长虹在上海、南京、北平、天津等 12 个大城市中，设立了 25 个代销书店，销路很好。《长虹周刊》共出版 20 期。

上海《狂飙》周刊的宗旨是：“我们尊崇科学、尊崇艺术，我们以艺术表现人类的行为，科学指导人类的行为，我们以为文化只是科学与艺术。我们以为中国只有两条路可走：有科学与艺术便生存，没有科学艺术便灭亡。我们以为人类只有两条路可走：有新的科学艺术便和平，没有新的科学艺术便战争。我们倾向和平，然后我们也尊崇战争，我们要为科学艺术而作战！”1927 年 1 月，《狂飙》周刊出至 17 期，因经济支绌被迫停刊，见报作者 24 位，发表文章 240 篇，其中长虹 135 篇，尚钺 22 篇，高歌 17 篇，培良 13 篇，仲平、鲁彦各 9 篇，沸声 7 篇，沐鸿 6 篇，朋其 5 篇，效洵、德荣各 2 篇，其余远征等 13 人各 1 篇。

十二
“狂飙为我从天落”

○歌德

高长虹十分喜爱德国“狂飙”诗人歌德，他也很想在中国掀起一场“狂飙突进运动”，以秋风扫落叶之势，“打倒障碍”，去创造新的生命。

○高长虹主编的《狂飙》月刊刊头

1924年9月1日，《狂飙》月刊第1期问世。高长虹和沐鸿刻钢版，用红油墨印成，刊头字为沐鸿手书，作品大部分是高长虹的。高长虹在《题拜伦像》一诗中写道：“君前无古人，我后无来者。”《狂飙》月刊2、3期合刊时，就是铅印的正规刊物了。编辑者：平民艺术团，出版者：太原桥头街少年书社。高长虹说：“……小小的《狂飙》月刊虽然只出了3期，然因此我们在出版界终于变成了‘闯入者’了。”

○高君宇

高君宇和高长虹是同学，比高长虹高两班。他很器重高长虹，想争取他入党。1924年春，高君宇受李大钊派遣，回山西建党，找到高长虹说："高兄，由你出面组织办一个刊物吧！太原有的是文学人才，把这批力量集合起来，制造成一个阵地，担负起扫除山西黑暗空气的责任吧！"高长虹回答："行！"于是，《狂飙》诞生了。高长虹在《1925年，北京出版界形势指掌图》中说："我有一个朋友叫君宇的，曾做《向导》的记者，在思想上我们可以说是互相反对的，但是却听说他很希望是我办一个刊物出来的话，也正在这年暑假中，我在一个地方遇到他了……他又说，希望我出来办一刊物。但到我们办起来刊物不久，他却死了……我在这里不得不又想念这一个朋友。"

汾河流经太原城西，这一段的河岸就叫汾堤。一天，高长虹去找高沐鸿商议办刊，他们立刻分头去邀集人，下午去汾堤会合，商定此事。汾堤的柳下，长虹、沐鸿、复生、雨农、荫雨，这5位文学青年完成了他们创建"狂飙运动"的敲定工作。

说高长虹，就不能不提到狂飙社。因为高长虹不仅是狂飙社的发起人和最有成就的主将，狂飙社的命运，也一直在随着对高长虹的历史评价而沉浮着。

按照高长虹研究专家董大中先生的说法，狂飙社作为一个文学社团，至少有几点在中国现代文学史上是很突出的：它是除北京、上海以外省会城市成立的一个重要的文学社团；它是除文学研究会以外成员最多的一个文学社团；它是活动领域最广泛的一个文学社团；它还是其成员积极追求进步，大都参加了共产党且在党内有过重大影响的一个文学社团。

然而，就是这样一个在重要的历史时期曾活跃一时、影响广泛的进步文学社团，却几乎被历史遗忘了。《中国大百科全书·中国文学》卷是一部具有很高权威性的辞书，收入许多现代作家和10多个文学社团，而高长虹与“狂飙社”却只字未提。可以说，狂飙社因高长虹而名噪一时，也因高长虹而“息影文坛”。

我们都知道，鲁迅先生在《〈中国新文学大系〉小说二集序》中，曾全篇引用了高长虹写的《宣言》（即人们常说的《狂飙宣言》），在这段引文前边，鲁迅写道：“但是不久这莽原社内部冲突了，长虹一流，便在上海设立了狂飙社。”因此，一些人就以为狂飙社的成立，是在高鲁冲突发生之后的事，这是不符合事实的。

狂飙社的成立及其发展与解体，至少可以分以下三个阶段：

太原时期。高长虹早在五四运动前，就曾在北京大学旁听并自学。

北京《狂飙》周刊1—13期的发行处，北京宣外魏染胡同。

由于胡同狭窄，老百姓形象地称之为“中老虎洞胡同”，后来干脆呼作“中老胡同”，中老胡同15号院吕蕴儒寓为《狂飙周刊》14—17期的发行处。

〇景梅九

景梅九（1882—1961），名定成，山西运城人，老同盟会员，辛亥革命元老。他在北京主持《国风日报》。长虹父亲和景梅九是朋友，高长虹也见过景梅九，很受他的器重。高长虹来北京，就是想通过景梅九的关系在《国风日报》附刊出版《狂飙》周刊。谁知《国风日报》因反军阀被查封，高长虹希望落了空。1924年10月23日，《国风日报》复刊，景梅九还职。高长虹立刻去拜访，二人商定由《国风日报》附刊出版《狂飙》周刊和《世界语周刊》。

《狂飙》周刊宣言[①]

黑沉沉的暗夜，一切都睡熟了，死一般的，没有一点声音，一个动作，阒寂无聊的长夜呵。

这样的，几百年几百年的时期过去了，而晨光没有来，黑夜没有止息。

死一般的，一切的人们，都沉沉地睡着了。

于是有几个人，从黑暗中醒来，便互相呼唤着。

——时候到了，期待已经够了。

——是呵，我们要起来了。我们呼唤着，使一切不安于期待的人们也起来罢。

——若是晨光终于不来，那么，也起来罢。我们将点起灯来，照耀我们幽暗的前途。

——软弱是不行的，睡着希望是不行的。我们要作强者，打倒障碍或者被障碍打倒。我们并不惧怯，也不躲避。

这样的呼唤着，虽然是很微弱的罢，听呵，从东方，从西方，从南方，从北方，隐隐的来了强大的应声，比我们要大的应声。

一滴水泉可以作江河的始流，一张树叶之飘动可以兆暴风之将来，微小的起源可以生出伟大的结果，因为这个缘故，我们的周刊，便叫作《狂飙》。

原载北京《狂飙》周刊第14期，题为“本刊宣言”。事业上的成功是最具凝聚力和感召力的，《狂飙周刊》创刊后，逐步吸引了一批文学青年加入狂飙运动的行列中来，北京狂飙运动的中坚逐步形成。

○郁达夫

郁达夫（1896—1945），原名郁文，字达夫，浙江富阳人，中国现代著名小说家、散文家、诗人。代表作《沉沦》《故都的秋》《春风沉醉的晚上》等。郁达夫是个热心人，当读了高长虹寄给他的《狂飙》月刊后，非常高兴，立刻写信给高长虹表示支持。这给刚到北京的高长虹以极大鼓舞，屡屡表示对郁达夫的感激之情。他始终敬佩郁达夫的为人，他说："如中国人都能像冰心、郁达夫者，岂不是一个很好的社会了吗？"

尚钺（1902—1982），河南罗山人，原名宗武（钟吾），著名历史学家，狂飙社3个"小弟弟"之一，他是朝鲜领导人金日成走上革命道路的导师。

○尚钺

○柯仲平

柯仲平（1902—1964），云南省广南县人，原名柯维翰。1925年结识鲁迅与高长虹。1929年1月偕爱人丁月秋参加《狂飙》演剧运动，兼《狂飙运动》月刊诗歌编辑。1930年经潘汉年、陈为人介绍加入中国共产党。1937年"七七事变"后由日本秘密回国到达延安，任边区文协主任。1938年5月，在毛泽东、贺龙等帮助下筹建陕甘宁边区民众剧团，任团长。曾历任全国政协第一届委员，中国作协副主席等职。

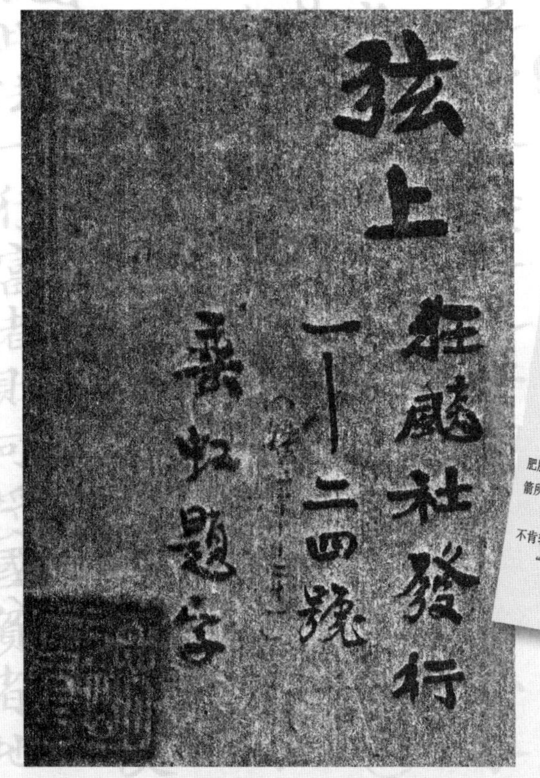

弦　上

序　言

让我把这支箭，射中你的心窝！不偏不倚，从你的正中，迸出鲜红的血来！

如其你被创之后，堂堂正正地能站立起来，朋友，恭喜你，你已成为一条好汉了！

如其你没有声响地倒地而亡，那也没有什么要紧，因为这也正是我所希求的！

"顺我者死，逆我者生！"暴躁的箭在未发之前如是咆哮。

躲过了箭的人不幸呵！他将在不生不死中偷度其残生！

人是时常负有创伤的心与身的总和。如其你只愿把你的躯壳养得肥胖，让你做猪子去好了。专门预备了肉给人吃的动物时常是肥胖的，箭所无须射的动物。你可怜的猪子呵！

但是，我的箭，将不徘徊于估价，不复顾忌于无须。他有时，为不肯轻于饶恕那些逃脱者，且将无的而放。

"放射！放射！不知其他！"张弓待发的箭如是宣誓。

1926年2月8日，高长虹在北京沙滩银闸公寓楼上的寓所内和郑效洵等几位朋友商谈，要办一个名为"弦上"的刊物，取"箭在弦上，不得不发"之意，宗旨仍是"把文艺界团结起来，同现实的黑暗势力作战"，主要攻击目标是北洋军阀及其走狗现代评论派，编辑者高长虹、郑效洵，编辑部设在东城大阮府胡同27号郑效洵家。1926年2月14日，一个新的刊物《弦上》，便在北京的出版界诞生了。

1919年开始，陆续在北京的报纸上和茅盾主编的《小说月报》上发表作品。那时的高长虹十分喜爱德国狂飙诗人歌德，也很想在中国掀起一场"狂飙突进运动"，以秋风扫落叶之势，"打倒障碍"，去创造新的生命。就是在这样的背景下，1924年8月的一天，太原的几个文学青年高沐鸿、段复生、荫雨、籍雨农和高歌（长虹二弟），在高长虹的组织下搞了一次聚会。当年9月1日，《狂飙》月刊正式问世，第一期的作品几乎全部为高长虹创作，署"编辑者平民艺术团，发行者太原桥头少年书社"，地址在太原桥头街。

在此之前，中国已有四个文学社团成立，即文

〇郑效洵

郑效洵（1907—1999），福建福州市人，《狂飙》社“三小弟”之一。1925 年毕业于北京汇文中学，经高长虹推荐，他介绍张稼夫到北京汇文中学教书。1926 年 2 月与高长虹一起到鲁迅寓所商谈《弦上》创办事宜，《弦上》周刊创刊通讯处为“东城大阮府胡同二十七号郑效洵转”。

学研究会、创造社、湖畔诗社和南国社。狂飙社之后，才有语丝社、新月社、未名社、沉钟社、太阳社的出现，就其时间先后，狂飙社是第五个成立的社团，因湖畔社限于诗歌，南国社限于戏剧创作和演出，后来的未名社限于翻译，所以就综合性文学社团来说，狂飙社是在文学研究会和创造社之后成立的第三个社团。

北京时期。《狂飙》月刊刚刚问世，高长虹便前往北京，留下高沐鸿负责出版了《狂飙》月刊的第二、三期合刊。

高长虹在北京四处活动，多方联系，于 1924 年 11 月 9 日办起《狂飙》周刊，附于山西著名报人、辛亥革命元老景梅九主办的《国风日报》，称《国风日报》狂飙出版部。《狂飙》周刊共刊出 17 期，因《国风日报》停刊而中止。《狂飙》周刊刚出版几期，就引起了鲁迅的关注，并且对人说据他看是好的。长虹便于 12 月 10 日携刊物前往拜访鲁迅，从此成为鲁迅家里的座上客。到这年冬天，参加了狂飙社的文学青年有向培良、吕蕴儒、阎宗临、常乃德、尚钺、郑效洵、张蕴吾等十几人，这时的狂飙社成员已不仅是山西籍文学青年，成员来自好几个省份，可以说已成为一个全国性社团。高长虹在《一点回忆——关于鲁迅和我》中写道：“北京一时有希望的青年作家都被狂飙卷了去。”

上海时期。1926 年 4 月，高长虹和郑效洵赴上海，使

〇上海工人武装起义

上海时期高长虹经历了北伐战争、国共合作、上海工人武装起义等重大事件，创作走向发生变化，他的革命民主主义立场已经形成，并开始向马克思主义立场转变。他在《反应》中说：“有好久的时候，我一点也不能够明白思想是有阶级性的，但到近来我觉得那是对的了。……我不承认克鲁泡特金是一个平民革命者，他到最后，还只是一个有平民思想的贵族。”“克鲁泡特金的学说，他的解释、他的方法是科学的，然而他的基本思想是玄学的，所以也终是空想。”证明长虹与无政府主义彻底决裂。

他在《黄祸与酋长思想》中指出：“现代世界的冲突，已不是黄白的冲突，而是无产阶级与帝国主义的冲突，而是帝国主义互相的冲突。”在《建设科学》中说：“帝国主义是因为科学应到经济上起来的，如想打倒帝国主义，仍然得在经济上建设科学。中国如有科学，帝国主义不打而自倒，如没有科学，虽想打倒帝国主义而经济没有打倒的能力。”在《曙》中表示：“我只愿做一个军人，做一个征服帝国主义的军人。”

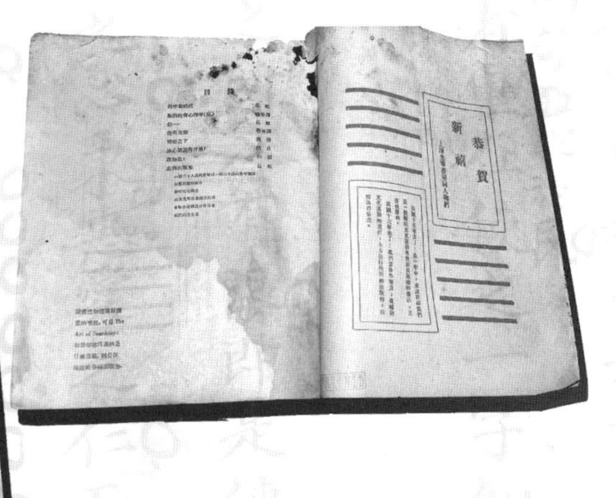

上海时期的《狂飙》周刊，广告词有非常简洁的说明：“本刊的积极的工作是：建设新的科学、新的艺术、新的思想；消极的工作是，批评一切腐旧的势力，一切虚伪的出版物；连带的工作是，介绍国外新兴的科学艺术，提倡青年的自由说话与一切前进的阻碍物战。”

1928年10月，高长虹创办个人刊物《长虹周刊》，以追求科学救国为主要内容。他在《征求科学的朋友》中说：“有科学，中国便有救，没有科学，中国便没救。当然，这里所说的科学包含经济的科学在内。我以救中国为我的责任吧！现在的和未来的科学的朋友们，我们以救中国为我们的责任吧！”

在《历史即神话》中他写道：“什么是现代呢？这是20世纪的现代，是科学复兴的现代，是无产阶级从事自救并救全人类的现代，是自然将开发其最大的定期以供应人类的享用的现代，是别无什么差别而大家都是人的现代。”他在《时代的两面》中预言：“18世纪是法国的时代，19世纪是俄国的时代，20世纪是中国的时代。”历史证明是准确的。

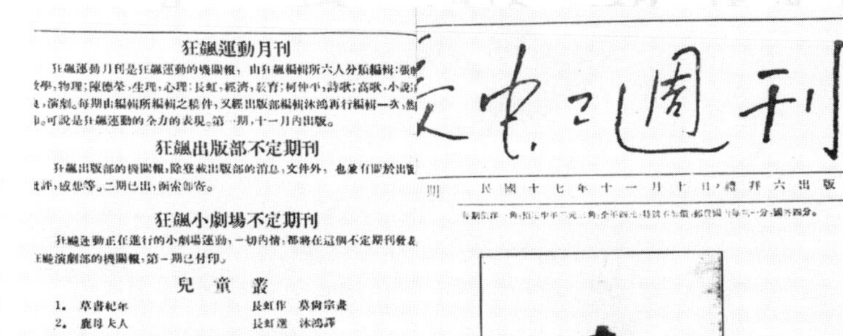

狂飆運動月刊

狂飆運動月刊是狂飆運動的機關報，由狂飆編輯所六人分類編輯：張……學，物理；陳德榮，生理，心理；長虹，經濟，教育；柯仲平，詩歌；高歌，小說……，演劇。每期由編輯所編輯之稿件，又經出版部編輯沐鴻再行編輯一次，然……可說是狂飆運動的全力的表現。第一期，十一月內出版。

狂飆出版部不定期刊

狂飆出版部的機關報，除登載出版部的消息，文件外，也兼有關於出版……批評，感想等。二期已出，函索即寄。

狂飆小劇場不定期刊

狂飆運動正在進行的小劇場運動，一切內情，都將在這個不定期刊發表……狂飆演劇部的機關報，第一期已付印。

兒童叢

1. 草書紀年　長虹作　蔡尙宗畫
2. 鹿母夫人　長虹選　沐鴻譯

民間叢刊

1. 甘地　羅蘭著　謝頌羔 米星如 譯

本代售處

上海	光華書局	江灣	出版合作社	廣州	共和書局
	現代書局	南京	花牌樓書店	長沙	泰東書局
	北新書局		文化書社	杭州	光華書局
	泰東圖書局		天　書局	天津	天津書店
	新月書店		羣衆圖書公司		華英書店
	眞美善書店	北平	光華書局	蕪湖	科學圖書
	新宇宙書店		景山書社	貴陽	新友書店
	亞洲圖書公司	太原	晉新書社		
	羣衆圖書公司	武昌	文化書社		

長虹週刊

民國十七年十一月十日　禮拜六出版

YENCHING UNIVERSITY LIBRARY 燕京大學圖書館 PEIPING, CHINA

○塞克

塞克(1906—1988)，狂飙社重要成员，为我国文艺事业的发展作出重要贡献的诗人和话剧、电影表演艺术家，中国救亡歌曲的重要词作者，新音乐运动的旗手之一。1938年赴延安，毛泽东亲自去招待所看望，并邀他到自己家里谈话，塞克特立独行，敢说敢干，为“延安四怪”之一。

○张申府

张申府（1893—1986），名崧年，1919年冬与李大钊创立马克思主义小组，1920年春，与李大钊、陈独秀通信商量组织共产党。1921年在法国介绍周恩来加入中国共产党，也是朱德的入党介绍人。1928年1月与高长虹合办《世界周刊》，为《狂飙》编辑所6个成员之一，负责编辑狂飙《运动月刊》数学、物理方面的文章。

狂飙社基地逐渐南移。10月10日上海版《狂飙》周刊问世，历经数月，共出版17期。在此期间，高长虹还编辑出版多套《狂飙丛书》，并成立狂飙出版部，设立书店。1928年10月13日，高长虹的个人刊物《长虹周刊》问世，全部刊发长虹个人的作品，前后共出版20多期。与此同时，狂飙演剧部在上海成立，并先后在上海、天津、太原、北京等地演出。这一时期发展的成员有张申府、柯仲平、塞克、吴似鸿、马彦祥、常风、冈夫、张稼夫、潘汉年、欧阳山等40余人。狂飙社成员至此已发展到70余人，是在人数上仅次于文学研究会的中国第二大文学社团。

在狂飙社的成员中，高长虹作品最多，成就也最高。他发表的作品至少在180万字以上，形式涉及诗歌、散文、小说、剧本、评论、论文、书信等，其中以诗歌和散文的成就最高。长虹于1925年3月1日出版的第一本集子《精神与爱的女神》，就引起广大文学青年的追捧，许多人争相传阅并写信购书，其中就有石评梅、冰心和许广平。他的第二本书《心的探险》，由鲁迅亲自选编，并收入《乌合丛书》。其散文诗《草书纪年》出版后，立即被

○沉樱

沉樱（1907—1988），山东潍县人，是20世纪20年代末30年代初成长起来的女作家。在现代女作家中有承上启下的地位——丁玲之后，张爱玲之前，狂飙社成员之一。

○袁殊

袁殊（1911—1987），湖北蕲春蕲州镇人，1928 年加入狂飙社。中华人民共和国成立后为《世界知识》撰稿人。

○王玉堂

王玉堂（1907—1998），笔名“冈夫”，山西武乡人。著名诗人。1927 年参加了高长虹、高沐鸿等人领导的狂飙文艺运动。1929 年 9 月，参加北平狂飙演剧队活动。1932 年秋，加入北平左翼作家联盟，从事革命文艺的宣传活动。

○王鲁彦

王鲁彦（1901—1944），原名王衡，浙江镇海人，20世纪20年代著名的乡土小说家。狂飙社的重要成员之一。曾在北京大学旁听鲁迅的“中国小说史”课程，创作时所用笔名“鲁彦”是表达对鲁迅的仰慕之情。1928年12月在南京时，鲁彦对高长虹说：“狂飙运动只能昙花一现，但它的价值也正在此，他打开一个新的局面。”《长虹周刊》第18期刊登了鲁彦的照相，19期刊登的封面画德国影片《三只手》是鲁彦送给高长虹的。

译成世界语和日文、俄文出版，同时得到意大利、苏联和日本等国作家学者的好评。董大中说：“因此，把高长虹称为一位杰出作家，把他当做中国现代文学史上山西最重要、最值得怀念和研究的作家之一，是当之无愧的。”（见《高鲁冲突·狂飙起兮太原》）

狂飙社的解体大约在1929年底或1930年初。之后高长虹赴日本开始研究经济学和人类行为学。“九一八事变”后，他愤而离开日本，远赴欧洲，在德国研究过马克思主义。从1934年起，他先后创立了荷兰的救国会和巴黎的《中国人民报》，还是旅法救国会的负责人和“全欧华侨抗日救国联合会”的首批成员。在巴黎期间还写过一部长篇小说《中国》，寄托他对祖国的思念之情，这部小说当即被译成英、意、德、西班牙4种文字在报纸上连载。

从1924年秋至1929年底，高长虹与他的狂飙社在中国文坛上活跃了5年多。这期间，高长虹出版著作近20种，狂飙社编辑刊物10余种，出版近100期，编辑丛书约10种，收书60余本。同时还组建了狂飙出版部、狂飙演剧部等文化实体。可以说，高长虹与狂飙社对中国现代文学的发展是做过

1926 年 3 月 18 日，北京各界在天安门广场集会，并结队游行，向段祺瑞临时执政政府请愿，要求拒绝八国通牒，段祺瑞竟下令向手无寸铁的学生开枪，当场死伤 200 多人，制造了震惊中外的“三一八惨案”。

很大贡献的，这一点不应该被历史所遮蔽。

在一些人的回忆文章中认为，是高长虹与鲁迅发生冲突，才导致狂飙社的解体。有人还说高长虹因与鲁迅公开论战，在文学界混不下去了，才流亡国外。这些说法是片面的，没有依据的。高鲁冲突发生在1926年，而高长虹和他的狂飙社在1926年10月之后的几年间在上海的发展，是其又一个高潮期。现在看来，高长虹研究兴趣的转向和出国游历，是导致狂飙社解体的一个重要原因；而经济拮据及其他主要成员如高歌、尚钺、柯仲平等加入共产党，主要精力投入党的地下工作，是狂飙社最后解体的又一个客观原因，但与高鲁冲突并没有直接的关系。

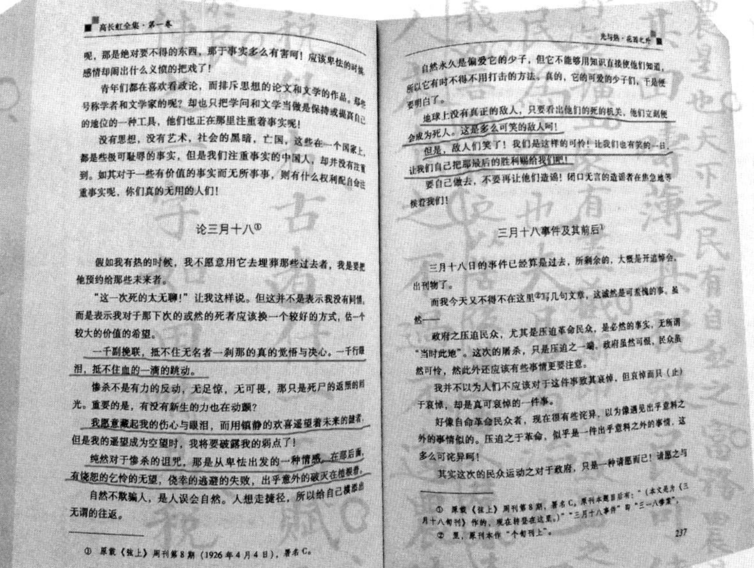

高长虹全集·第一卷

呢，那是绝对要不得的东西，那于事实多么有害呵！应该卑怯的时候感情却闹出什么义愤的把戏了！

青年们都在喜欢看政论，而排斥思想的论文和文学的作品。那些号称学者和文学家的呢？却也只把学问和文学当做是保持或提高自己的地位的一种工具，他们也正在那里注重着事实呢！

没有思想，没有艺术，社会的黑暗，亡国，这些在一个国家上，都是些极可耻辱的事实，但是我们注重事实的中国人，却并没有注重到。如其对于一些有价值的事实而无所事事，则有什么权利配自命注重事实呢，你们真的无用的人们！

论三月十八①

假如我有热的时候，我不愿意用它去埋葬那些过去者，我是要把他预约给那些未来者。

“这一次死的太无聊！”让我这样说。但这并不是表示我没有同情，而是表示我对于那下次的或然的死者应该换一个较好的方式，估一个较大的价值的希望。

一千副挽联，抵不住无名者一刹那的真的觉悟与决心。一千行眼泪，抵不住血的一滴的跳动。

惨杀不是有力的反动，无足惊，无可畏，那只是死尸的返照的目光。重要的是，有没有新生的力也在动颤？

我愿意藏起我的伤心与眼泪，而用镇静的欢喜遥望着未来的健者，但是我的遥望成为空望时，我将要破露我的弱点了！

纯然对于惨杀的诅咒，那是从卑怯出发的一种情感，在那后面，有侥想的乞怜的无望，侥幸的逃避的失败，出乎意外的破灭在植根着。

自然不欺骗人，是人误会自然。人想走捷径，所以给自己横添出无谓的往返。

① 原载《弦上》周刊第8期（1926年4月4日），署名C。

光与热·花园之外

自然永久是偏爱它的少子，但它不能够用知识直接使他们知道，所以它有时不得不用打击的方法。真的，它的可爱的少子们，于是便要明白了。

地球上没有真正的敌人，只要看出他们的死的机关，他们立刻便会成为死人。这是多么可笑的敌人呵！

但是，敌人们笑了！我们是这样的可怜！让我们也有笑的一日，让我们自己把那最后的胜利赐给我们吧！

要自己做去，不要再让他们造谣！闭口无言的造谣者在焦急地等候着我们！

三月十八事件及其前后①

三月十八日的事件已经算是过去，所剩余的，大概是开追悼会，出刊物了。

而我今天又不得不在这里②写几句文章，这诚然是可羞愧的事。虽然——

政府之压迫民众，尤其是压迫革命民众，是必然的事实，无所谓“当时此地”。这次的屠杀，只是压迫之一端。政府虽然可恨，民众虽然可怜，然此外还应该有些事情更要注意。

我并不以为人们不应该对于这件事致其哀悼，但哀悼而只（止）于哀悼，却是真可哀悼的一件事。

好像自命革命民众者，现在很有些诧异，以为像遇见出乎意料之外的事情似的。压迫之于革命，似乎是一件出乎意料之外的事情，这多么可诧异呵！

其实这次的民众运动之对于政府，只是一种请愿而已！请愿之与

① 原载《弦上》周刊第8期，署名C。原刊本题目后有：“（本文是为《三月十八旬刊》作的，现在转登在这里。）”“三月十八事件”即“三一八惨案”。

② 里，原刊本作“个旬刊上”。

237

“三一八惨案”发生后，《弦上》周刊集中了3期的篇幅，以9篇文章的火力，向以段祺瑞为首的北洋政府及其帮凶们进行了猛烈的攻击。长虹发表《论三月十八》，表达对北洋军阀极大的蔑视。

○向培良

向培良（1905—1959），湖南省黔阳县人。狂飙社重要成员，狂飙演剧运动主要负责人，1925年2月加入狂飙社，同年4月11日，参加鲁迅筹办《莽原》周刊的“五人吃酒”。

○阎宗临

阎宗临（1904—1978），山西五台人，笔名已然，狂飙社3个“小弟弟”之一。1924年中学毕业后到北京，在《国风日报》社当校对时与高长虹相识并结为好友，加入狂飙社。当年11月初与高长虹一起到太原筹集赴法国勤工俭学的旅费。1932年高长虹在德国研究马克思主义期间，曾到瑞士找阎宗临资助他治病。

1926年5月至1930年初，是高长虹创作生涯的上海时期，历时3年半。这是长虹创作的鼎盛阶段，共发表作品612篇，出版诗集《给——》《献给自然的女儿》，散文诗集《草书纪年》，散文集《曙》，杂文集《走到出版界》，小说集《春天的人们》《实生活》《青白》《游离》《神仙世界》，合集《光与热》《时代的先驱》《从荒岛到莽原》等13个集子。

第三期 1.

每星期日出版 本京零售銅元二枚 外埠一分郵費在內	弦 上

三月十八事件及其前後

（本文是爲三月十八旬刊作的，現在轉登在這裏。）

三月十八日的事件已經算是過去，所剩餘的，大概是開追悼會，出刋物了。

而我今天又不得不在這個旬刋上寫幾句文章，這誠然是可羞愧的事。雖然——

政府之壓迫民衆，尤其是壓迫革命民衆，是必然的事實，無所謂"當時此地"。這次的屠殺，只是壓迫之一端。政府雖然可恨，民衆雖然可憐，然此外還應該有些事情更要注意。

我並不以爲人們不應該對於這件事致其哀悼，但哀悼而只於哀悼，却是眞可哀悼的一件事。

好像自命革命民衆者，現在很有些詫異，以爲像遇見出乎意料之外的事情似的。壓迫之於革命，似乎是一件出乎意料之外的事情，這多麼可詫異呵！

其實這次的民衆運動之對於政府，只是一種請願而已！請願之與革命相類者幾何？請願而被殺，可憐則可憐矣，但有什麼可讚美的地方呢？

但現在烈士倒產生了不少，烈士有這麼容易做！

我也願意哀悼那些不幸的死者們，但我不能够因爲他們的不幸而謚之曰：烈士。

《弦上》周刊弓微箭细，然而它发射出去的箭镞却坚挺无比，锋利有力，箭无虚发，直刺北洋军阀及其帮凶们的心窝，成了当时出版界敢于直面杀人不眨眼的野蛮统治者的勇敢者。

○董大中

董大中，著名作家，评论家。1983 年 9 月 23 日在《人民日报》发表了《勿“以偏概全”》。文章认为：在中国现代文学史上高长虹起过重要作用，他热爱祖国，积极参加抗战，徒步奔向延安，是追求进步的。要一分为二地、辩证地、历史地、发展地去看，不能因一时的错误就把整个人否定掉，就把整整一个团体从文学史上抹去。这是公开地为高长虹辩解的第一声呐喊，影响深远。

○陈漱渝

陈漱渝，鲁迅研究室主任，于《新文学史料》1981 年第三期上，发表了《鲁迅与狂飙社》，此文具有划时代的意义，向世人发出了高长虹研究开禁和解冻的信号。

廖久明，四川乐山师范学院教授，高长虹研究专家，2010 年积极协助出版《高长虹全集》。他认为：“高长虹研究……事关中国现代文学史和思想史……高长虹具有很大的名气，可以这样说，只要鲁迅的著作还有人读，便会有人知道高长虹，并且，只要我们加强高长虹研究，人们对高长虹的评价会越来越客观。”

○廖久明

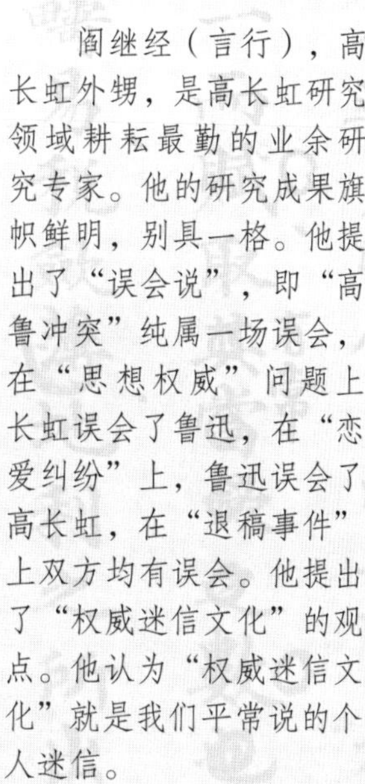

阎继经（言行），高长虹外甥，是高长虹研究领域耕耘最勤的业余研究专家。他的研究成果旗帜鲜明，别具一格。他提出了“误会说”，即“高鲁冲突”纯属一场误会，在“思想权威”问题上长虹误会了鲁迅，在“恋爱纠纷”上，鲁迅误会了高长虹，在“退稿事件”上双方均有误会。他提出了“权威迷信文化”的观点。他认为“权威迷信文化”就是我们平常说的个人迷信。

○阎继经

董大中研究高长虹，功不可没。1989 年协助盂县政协出版了《高长虹文集》，1991 年主编了《高长虹研究文选》，2010 主编了《高长虹全集》四卷本。2017 年出版了《狂飙社纪事》，同时发表了一系列研究高长虹的文章。他的《高鲁冲突》一书，是研究高长虹的重大成果的总结。他认为：“高鲁冲突，是现代文学史上一大公案，它的发生跟鲁迅无关……跟我们搞文学研究的人缺乏实事求是精神有关。”此书对高长虹研究中的一些重大问题，起到了澄清事实、辨明是非的作用。

长虹之死

陈漱渝

“我呼爱人　爱人不应”

——高长虹与三位女作家

陈漱渝

长虹故乡行

——纪念“狂飙文人”高长虹诞生110周年

陈漱渝

陈漱渝为研究高长虹作出了有口皆碑的贡献，他写了一系列研究文章，并亲自到长虹故乡进行考察，他在《我呼爱人，爱人不应》一文中写道：“近些年来经过董大中、阎继经等高长虹研究专家的潜心研究，证实了《给——》是高长虹 1926 至 1927 年所写的情诗结集，而主要的抒情对象是石评梅，跟许广平并无关联。”

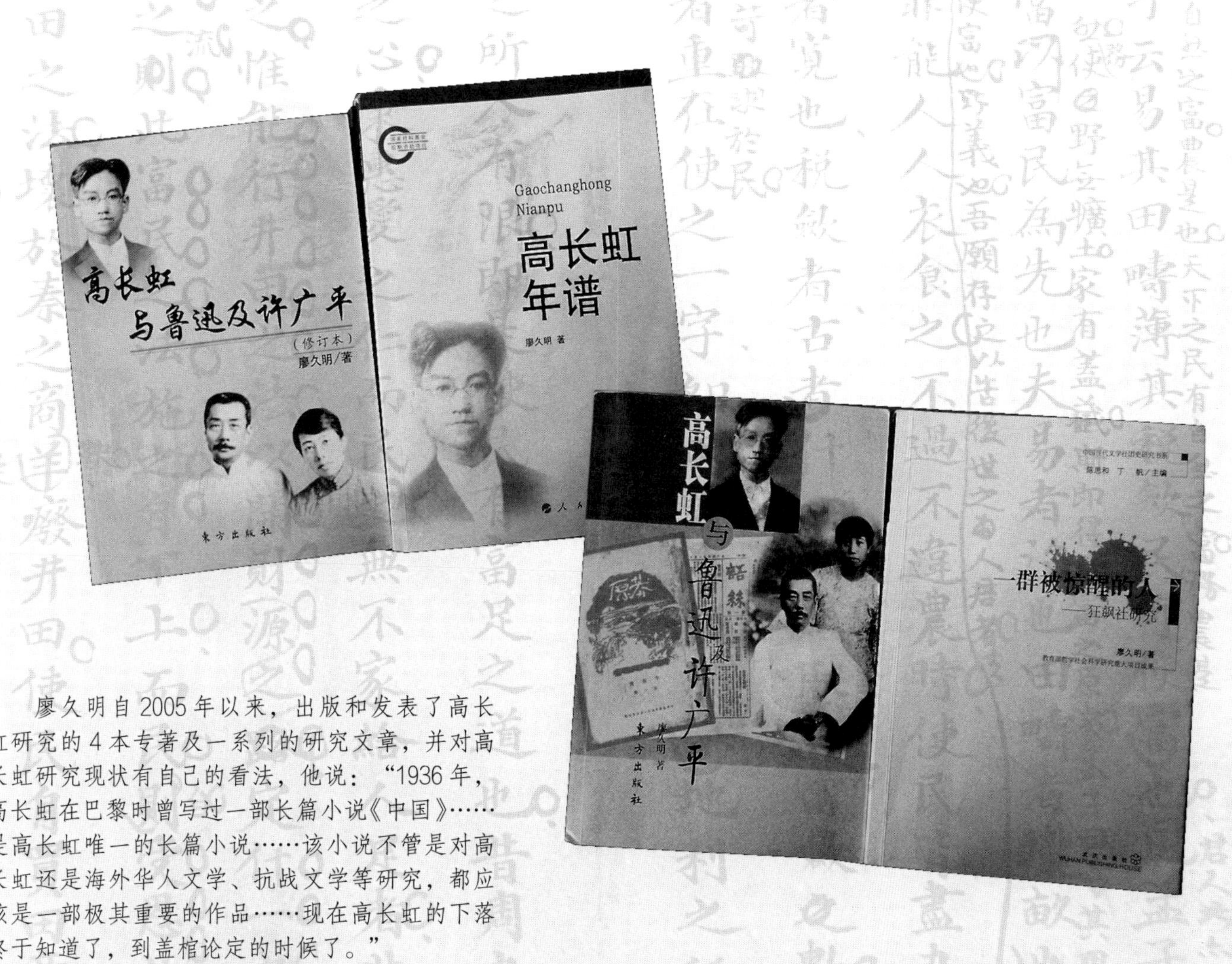

廖久明自2005年以来，出版和发表了高长虹研究的4本专著及一系列的研究文章，并对高长虹研究现状有自己的看法，他说："1936年，高长虹在巴黎时曾写过一部长篇小说《中国》……是高长虹唯一的长篇小说……该小说不管是对高长虹还是海外华人文学、抗战文学等研究，都应该是一部极其重要的作品……现在高长虹的下落终于知道了，到盖棺论定的时候了。"

言行（阎继经）的3本专著是他对高长虹研究的卓越贡献，尤其是《造神的祭品——高长虹冤案探秘》。陈漱渝认为：“真是一部奇书，奇在何处，奇就奇在全书是由《鲁迅全集》的两条注释引发出来的。”言行认为“两注”不符合历史事实，应彻底否定，他认为制造长虹冤案的责任者是“两注”撰稿人，与鲁迅毫无关系。

《高长虹研究文选》出版于20世纪90年代，主要内容有：当时文艺界的领导和著名作家，对高长虹研究的论述；与高长虹有交往的文艺界老前辈及长虹亲朋故旧的回忆资料；现代文学研究工作者所撰写的研究文章等。《高长虹研究文集》《高长虹研究论文集》《高长虹精选集》《高长虹选集》（被列入“山西文华”项目出版），为2007年10月高长虹研究会成立以来所取得的重要成果。

杰出的诗人和作家高长虹，对中国文学和文化事业作出了多方面的贡献，中国现代文学史上不能没有高长虹，也不能缺少狂飙社作家群作出的贡献。高长虹要人们把他忘掉，但历史老人不允许，否则历史就不完整了。

170余万字的四卷本《高长虹全集》，2010年由中央编译出版社出版。

参考文献

[1] 董大中. 高鲁冲突. 北京: 中国工人出版社, 2000.

[2] 盂县政协. 高长虹研究文选. 太原: 北岳文艺出版社, 1991.

[3] 盂县政协. 高长虹文集(上、中、下). 北京: 中国社会科学出版社, 1989.

[4] 言行. 造神的祭品. 北京: 中国文史出版社, 2003.

[5] 言行. 历史的沉重. 天津: 百花文艺出版社, 1996.

[6] 言行. 一生落寞, 一生辉煌——高长虹评传. 天津: 百花文艺出版社, 1996.

[7] 董大中. 鲁迅与高长虹. 石家庄: 河北人民出版社, 1999.

[8] 廖久明. 高长虹和鲁迅及许广平. 北京: 东方出版社, 2005.

[9] 董大中等. 鲁迅与山西. 太原: 北岳文艺出版社, 1998.

[10] 陈漱渝. 鲁迅风波. 北京: 大众文艺出版社, 2001.

[11] 廖久明. 高长虹与狂飙社书稿.

[12] 廖久明. 高长虹年表书稿.

[13] 董大中. 狂飙之歌(或《诗人之恋》)书稿.

后 记

在中国现代文学史上，无论从社团、作家，还是作品，高长虹是真实存在的，是绕不开的。他继承发扬五四精神，追求光明，追求真理，追求革命，热爱祖国，热爱人民的不懈努力，成为耀眼的亮点，影响着许多人奋力前行。

高长虹是山西的骄傲，是中国的骄傲。弘扬正能量，宣传高长虹，我们责无旁贷。

为了让更多的人了解高长虹，本书以简略的文字概述高长虹的生平、创作，同时以多种形式的图片予以形象表达。在编辑中，以郭祯田先生的《高长虹传略》（中国文联出版社，2013 年版）为文字主线，以高长虹故乡盂县西沟村“高长虹纪念馆”收集的图片资料为依托形成本书。高长虹留给后人的影像资料太少了，本书中不得已采用的图片，有的是情景再现的剧照，有的是雕塑作品，有的是国画作品，有的是剪纸作品……感谢倾情研究高长虹的郭祯田先生，感谢西沟村的村支两委，感谢每一位作者通过西沟村“高长虹纪念馆”无私奉献出的你们所心仪的作品。

感谢阳泉市文联，使之付梓面世。

水平所限，书中疏漏、错误之处在所难免，恳请读者和专家予以指正。

编　者

2020 年 5 月